## EUROPEAN ESSAYS ON NATURE AND LANDSCAPE

Landschaften sind grenzübergreifend, der Blick auf Landschaften und die Kenntnis von ihnen schaffen Gemeinsamkeiten. Geschichte, Politik, Geologie, Wirtschaft, Biologie, Kunst und Literatur und viele Wissensbestände mehr werden in der Betrachtung der EUROPEAN ESSAYS ON NATURE AND LANDSCAPE zum Gegenstand. Die Beschäftigung mit Landschaften schärft den Blick auf die uns umgebende Natur und sie regt zum eigenen Naturerleben an. Wir sind auf unsere Landschaften in vielfältigem Sinn angewiesen, sie sind unsere Lebensgrundlage – vor allem die der kommenden Generationen. Warum Essays? Der Essay ist streng im Blick auf das Ergebnis, nicht aber in der Systematik. Im Mittelpunkt steht oft die persönliche Auseinandersetzung der Autorin oder des Autors mit dem jeweiligen Gegenstand. Alles ist erlaubt, wenn es die Lesenden dem Gegenstand näherbringt, ihn für sie erschließt. Der Essay ermöglicht einen an Perspektiven reichen Blick. In der hier vorgestellten Buchreihe den auf Landschaften und Naturphänomene in Europa.

## STRÄNDE

»… sind weder ganz fest noch ganz flüssig. Ihre Substanz besteht aus lauter locker liegenden Bestandteilen mit beweglichen Zwischenräumen. Die sind abwechselnd mit Wasser und mit Luft gefüllt. Die Teilchen am Strand bestehen meistens aus Sand, und Sand ist zerriebenes Gestein. Sandstrände sind nicht nur bleich und weiß, sondern öfter noch grau und braun. Wo Vulkane aus dem Meer ragen und zerbröselte Lava hinterlassen, sind Strände sogar rabenschwarz. Rein weiße Strände sind reich an körnigem Kalk. Spezielle Mikroorganismen können solchen Stränden sogar einen Hauch von Rosa verleihen. Nur blaue Strände gibt es nicht.« K. Reise und H. Kemper

# EUROPEAN ESSAYS ON NATURE AND LANDSCAPE

KARSTEN REISE &
HELLA KEMPER

# STRAND

KJM Buchverlag

Die EUROPEAN ESSAYS ON NATURE AND LANDSCAPE
werden von Klaas Jarchow herausgegeben.



1. Auflage Mai 2023

Simrockstr. 9a, 22587 Hamburg
www.europeanessays.eu
ISBN 978-3-96194-205-3
Vertrieb: KJM Buchverlag, Hamburg
www.kjm-buchverlag.de

Satz, Gestaltung: Svenja Wiese, Hamburg
Gestaltungskonzept: Eberhard Delius, Berlin
Gesetzt aus der Alisal und Scala Sans
gedruckt auf Munken Pure 120 g, Überzug f-color natur Hanf geprägt
Cover und Umschlaggestaltung: Rothfos & Gabler, Hamburg
unter Verwendung von shutterstock_640061572
Korrektorat: Rainer Kolbe, Hamburg
Druck & Bindung: Gugler GmbH, Melk/Donau
Printed in Austria


PurePrint® by gugler* drucksinn.at
UW-Nr. 609
print 4 climate® klimapositiv gedruckt
FSC MIX Papier FSC® C005108

Mehr über die European Essays
on Nature and Landscape:
www.europeanessays.eu

*Each grain on a beach is the result of processes*
*that go back into the shadowy beginnings of life,*
*or of the earth itself.*

Jedes Körnchen am Strand ist das Ergebnis von Geschehen,
die bis in die schattenhaften Anfänge des Lebens
oder gar der Erde selbst zurückreichen.

*Rachel Carson (1955)*
*(übersetzt von den Autoren)*

# I.

Am Strand fing alles an. Unter einem nahezu runden April-Mond, der gerade damit begonnen hatte, das Nordseewasser ablaufen zu lassen und den Meeresgrund freizulegen, gingen wir los. Das nordfriesische Morgenlicht dämmerte in unserem Rücken, der Osten lag, so wie der Weg, den wir gegangen waren, hinter uns. Wir waren über schlafende, ausgediente Deiche und alten Meeresgrund gewandert, um mit eigenen Augen zu sehen, dass vor langer und vor noch gar nicht langer Zeit das Land und das Meer andere gewesen sind. Und während wir wanderten, erzählten wir uns von den Stränden, den nahen und den fernen, den jungen und den alten – und so ist das bis heute und auch in diesem Buch geblieben: Mal spricht mehr Karsten Reise, mal ist Hella Kemper zu hören, mal erklärt der Meeresforscher, mal berichtet die Journalistin. Mal sind wir zusammen am Strand und teilen unser Wissen. Die Perspektiven wechseln. Der Strand bleibt.

*Mein erster Strand war kurz und klein – so wie ich damals, erzählt also Karsten.* Reet säumte den Westensee, durch den die Eider fließt. Nur an wenigen Stellen lag Sand, vermischt mit angespülten Blattresten, spiraligen Schneckenhäusern und Schalen von Teich-, Fluss- und Wandermuscheln. Nur dort ging ich barfuß ins Wasser und schwamm nur so weit, wie ich stehen konnte. Wenig später sah ich den Sylter Strand mit nichts als Sand. Das Meerwasser trug mich gleich viel besser. Ich traute mich auf den Rücken und atmete tief und langsam, alle Körperanhänge gestreckt, und ließ mich von den Wogen wiegen, über mir Möwen. Durch die Brandung purzelte ich zurück zum Strand, die Badehose voller Sand.

In den Einbuchtungen der schlingernden Strandlinie sammelte ich Schalen von Herz- und Trogmuscheln, Platt-, Mies- und Bohrmuscheln. Verstreut lagen auch Klumpen aus Teer herum, die bis ins Bett am Fuß klebten. Dieser Strand war mein Tor zur Welt. Strandabschnitte mit so exotischen Namen wie Samoa, Abessinien oder Sansibar beflügelten meine Fantasie. Im Schullandheim von Rantum wurden Seemannslieder angestimmt, über Männer mit Bärten und solchen, die vor Madagaskar lagen. Einmal schwärmten junge Heringe in Massen den Strand entlang, verfolgt von Makrelen. Die großen Jungs warfen Angelschnüre mit je drei Haken aus. An jedem hing gleich darauf eine Makrele, den Bauch voller Heringe. Ich löste die Makrelen vom Haken. Zwei Säcke voll, genug für das ganze Schullandheim. Auf den Dünen verdauten Möwen ihre Heringe. Nie wieder sah ich so viele Heringe am Strand.

Nach Schule und Universität verband mich der Beruf des Meeresbiologen mit dem Sylter Strand und vielen anderen Stränden. Auf der Isla Decepción flohen Pinguine kreischend vor vulkanisch aufgeheiztem Wasser, das zwischen Eisschollen über den schwarzen Lavastrand floss. Auf der Peninsula Valdez lag ich mit Seeelefanten am braunen Strand und roch ihren ge-

*Meer streichelt Strand*

wöhnungsbedürftigen Atem. In Qingdao sah ich den weißen Badestrand vor lauter Menschen nicht mehr. Am dunkelgrauen Strand der Lena stieg ich über ausgeblichene Baumstämme aus der sibirischen Taiga. Selten nur sah ich Strände ohne Möwen und ganz ohne Müll.

*Ich war ein Kind von fünf Jahren, erzählt Hella,* und wurde vom Kinderarzt in ein Kurheim auf Norderney geschickt. Haus Nummer 4. Der Doktor hatte gemeint, dass es ohne die frische Meeresluft kein gutes Ende mit meiner Lunge nehmen würde. So wurde ich auf die ostfriesische Insel verschifft, blieb zwölf Wochen ohne Geschwister und Eltern, und ich kann mich an fast nichts aus dieser Zeit in Haus Nummer 4 erinnern. Aber ich kann die Zeit noch riechen. Ich rieche windschiefe Kiefern und verblühte Dünenrosen, frei gefallene Schlickflächen und ein Knäuel aus Muschelschalen und Seetang. Der Geruchssinn ist der erste Sinn des Neugeborenen. Und er ist der empfängliche Sinn eines mutterseelenalleingelassenen Kindes auf einer Insel im Meer, das später nicht Tage, nicht Wochen und auch den Strand nicht mehr erinnert. Das Meer vervielfacht die Entfernung und potenziert das Heimweh. So blieb mir nur der Raum zwischen den Welten, zwischen denen daheim und denen auf der Insel und der Strand, der zwei Elementen gehorcht. Er ist der Übergang vom Land ins Meer, vom Begrenzten ins Unendliche, vom sicheren Grund zum Unberechenbaren. Der Strand ist ein Zwischenreich. Er wurde meine Heimat. Heimat im sentimentalen Sinne von Trost.

Seither habe ich diesen Strand von Norderney überall auf der Welt gesucht. Aber vermutlich reicht kein Strand weit genug, um ein Kind aus seiner Einsamkeit zu erlösen.

## II.

Als breite Leinwand liegt der Strand am Meer: Auf der Leinwand ist Quappi zu sehen. Quappi im Badeanzug, lasziv hingestreckt auf einem weißen Tuch. Dann Quappi im flachen Wasser und Quappi, die wie eine Welle an den Strand hüpft. Eine Meerjungfrau auf zwei Beinen. Der Maler Max Beckmann geht in Position, um die schöne Mathilde von Kaulbach mit der Kamera zu filmen. »Denk dir weite große graue Strandflächen«, hatte

*Max Beckmann: »Schlafende am Strand« (1927/1950)*

er an einen Freund geschrieben, »schwarzes Meer mit wilden weißen Kämmen, wie Badenbärte, und Felsen.«[1]

Als junger Mann wollte Max Beckmann zur See fahren. Er bewarb sich als Steward auf einem Amazonasdampfer. Als er abgelehnt wurde, entstand sein erstes Selbstbildnis. Er stellte die Staffelei in den Sand, öffnete den Koffer mit den Farben und malte vor der Natur. Ein Foto zeigt ihn 1907 vor einer Düne an der Ostsee, im schwarzen Anzug an der Staffelei, das Gesicht ist sonnengegerbt, sein Hut ruht im Sand. Kurz zuvor ist sein berühmtes Gemälde *Junge Männer am Meer* entstanden. Auch ein halbes Leben später im Amsterdamer Exil wird er Szenen am Meer malen, nun hinter ver-

*Max Beckmann an der Ostsee, 1907*

*Max Beckmann: »Junge Männer am Meer« (1905)*

dunkelten Fenstern, die Aussicht von Vorhängen verdeckt. Jetzt malt er das Meer nach der Postkarte, die Meereslandschaft klaustrophobisch verengt, als würde er durch ein Schlüsselloch gucken, Strand und Wasser als Fragment. Dem, der vor den Nazis fliehen musste, war nur noch eine zerborstene Weltenscherbe geblieben. Der Strandgänger und Meermaler saß im Versteck fest. Die warmen Küsten von Neapel, Genua und Nizza lagen unendlich fern, die Strände von Monte Carlo, der französischen Riviera waren unerreichbar geworden, selbst die nahe niederländische und belgische Nordsee war für ihn verschwunden.

Näher als am Strand kommt man dem Meer – vom Land aus – nicht. Auf seinen Bildern schiebt Max Beckmann Landzungen und Wolken ineinander, stapelt Strand und Wellen. Seine Strände bestückt er mit Badekabinen, Promenaden und

Cafés, die ganze touristische Möblierung. Seine Boote stechen als spitze Agavenblätter in See, Palmen und Fische liegen kreuz und quer, Fischernetze und Fahnenmasten vergittern den Blick. Der aus Nazi-Deutschland Vertriebene wandte den Blick nach innen und trug seine Verzweiflung auf die Leinwand auf.

Der Strand dient als Projektionsfläche für Kummer, Klagen und Krisen aller Arten. Er dient als Erinnerungsraum und als Ort der Hoffnung. Der Blick geht zurück und reicht in die Zukunft. Am Strand zeigen sich Freiheit und Enge, Bedrohung und Rettung. Das Boot legt am Strand an und es legt ab. Heim- und Fernweh sind an der Grenze zwischen Land und Meer gleichermaßen zu Hause. Am Strand lässt sich die menschliche Seele vielleicht besser begreifen als anderswo.

Unsere Vorliebe für Küsten und Ufer hat evolutionäre Wurzeln. Seit Urzeiten wollen wir dem Wasser nah sein und es im Blick haben: In der afrikanischen Savanne haben unsere Vorfahren an Flussufern gelebt und nach eiweißreicher Nahrung gesucht, die unser Gehirn groß werden ließ. Der frühe Mensch ist durch das flache Wasser gewatet, um Krebse und Muscheln zu fangen. Am Strand erkennt man früh, welche Gefahren auf einen zukommen – die Welt liegt offen zu Tage. Der Strand ist, auch wenn es auf den ersten Blick nicht so scheint, ein sicherer Ort. Am Strand lässt es sich gut leben. Daher rührt unsere Sehnsucht nach dem Strand.

Ist das Geheimnis des Strandes, dass er kein Geheimnis hat? In seinem Rücken ruhen die Dünenkette oder der geduckte Kiefernwald, liegen Promenade oder Kliff, vor dem Strand gibt es nur noch das Wasser, in Sichtweite der Horizont oder ein anderes Ufer. Ohne den Sand, den die Wellen auf den Strand werfen und ohne den Wind, der ihn weiter weht, gäbe es ihn gar nicht. Der Strand lebt vom Meer. Ihm verdankt er sein Leben. Er führt eine randlagige Existenz in Abhängigkeit vom Wasser. Zwar reklamiert auch das Land den Strand für sich, doch bleibt es dem Meer unterlegen.

## III.

Der Strand ist eine ehrliche Haut. Auf stille Weise bietet er sich dem Meer an. Er ist Zwischenreich, Pufferzone und Gedächtnis krachender tektonischer und eiszeitlicher Vergangenheiten. Er steht als genügsames Depot im Dienst von Land und Meer. Wie eine Wunderkammer versammelt er Relikte vergangener Zeiten, an die sich kaum jemand erinnert, ein paar Sammler vielleicht und natürlich Geologen, die ihn erforschen. Strände – und nicht das bewegte Meer, das ständig alle Spuren überspült und verwischt – sind die Schaukästen der Erdgeschichte. Wenn wir auf ein Steilufer blicken, sehen wir seine geologische Vergangenheit. In diesem Schaukasten liegen Formen und Farben als Zeugen dessen, was in Millionen von Jahren geschehen ist. Auf Sylt präsentiert das Morsumkliff die Vergangenheit der Erde. Was am östlichen Ufer der Insel heute sichtbar wird, ist das Ergebnis grandioser Stauchungen und Schuppungen. Hier ist vor einer halben Million Jahre während der Elster-Eiszeit kein Stein auf dem anderen geblieben. Riesige Gletscher haben sich mit seitlichem Druck auf drei übereinander liegende Erdschichten geschoben. Die Schichten Kaolinsand, Limonitsandstein und Glimmerton wölbten sich unter dem gigantischen Gewicht, brachen auf, wurden gestaucht und legten sich nach dem Abschmelzen der Gletscher wie Fischschuppen aneinander. Die große Schmelze öffnete das Kuriositätenkabinett des Strandes: Nicht nur aus dem Baltikum herbeigeschwemmter Sand und Kies liegen hier, sondern auch Zähne von Säugetieren oder in Stein gepresste Abdrücke von Krebsen. Fossilien sind besonders eindrucksvolle Überbleibsel – ein Fossil ist, was älter als 10.000 Jahre ist und sich somit einem geologischen Zeitalter vor dem Beginn des Holozäns zuordnen lässt. Als versteinerte Überreste sind die Körper von Muscheln oder Schnecken zu etwas völlig anderem geworden. Sie sind zu Stein gewordene Zeit.

Als der Skagen-Maler Peder Severin Krøyer neun Jahre alt war, wurde er einmal von seinem Ziehvater gerufen. »Sieh es dir an, Peder Severin«, forderte der ihn auf, durch das Mikroskop zu schauen. Der Professor, eigentlich sein leiblicher Onkel, arbeitete an einer Sammlung winziger Krebstiere, berichtete Krøyer später. »Ich schaute und sah einige kleine, fantastische Kreaturen. Ich habe dann tagelang gezeichnet, viele, viele der entzückenden kleinen Tiere«, so Krøyer. »Mein Onkel war sehr zufrieden mit meiner Arbeit. Als er seine wissenschaftliche Arbeit abgeschlossen hatte, wurde sie auf einer Tagung der Society of Science vorgestellt, zusammen mit meinen Zeichnungen.«[11]

Bei Skagen, an der Spitze Jütlands, speist ein Nebenmeer des Atlantiks, die Nordsee, ihre kleine Schwester, die Ostsee, mit frischem Meerwasser. Steht man an der Spitze von Skagen, scheinen die Wellen von Nordsee und Ostsee gegeneinander zu laufen. Nicht nur Wasser und Land begegnen sich in Skagen, auch Skagerrak und Kattegat, und bilden den Übergang zur Ostsee. Hier setzt die Nabelschnur an, mit der die Ostsee an der Nordsee hängt.

1899 hat Peder Severin Krøyer in Skagen ein großformatiges Bild gemalt, das ein Paar mit einem jungen Hund am Strand zeigt. Der zunehmende Halbmond spiegelt sich im Meer, zwei Schiffe – eines nur hat die Segel gehisst – fahren von links in das Bild hinein. Das Paar trägt Kleidung aus weißer Wolle. Es muss ein milder Sommerabend ohne Wind sein, die Wellen laufen so flach auf den Strand, dass sie nur im Licht des Mondscheins sichtbar werden. Ein Paar beim Abendspaziergang. Vielleicht besprechen sie, wohin die nächste Reise führen könnte oder wie das Menü für die Mittagsgesellschaft des kommenden Tages aussehen soll. Vielleicht fragen sie aber auch: Gehören wir noch zusammen? Gibt es ein gemeinsames Leben? Fragen, die in der Weite eines Strandes zu stellen möglich sind.

Die Frau hat sich vom Mann abgewandt und sieht aufs Meer. Ihre Bewegung zielt in die Ferne, der Mann ergreift ihre Ellenbeuge, der Hund schnuppert. Der Mann ist der dänisch-norwegische Maler Peder Severin Krøyer. Mit entschiedener Geste hat er den Daumen seiner linken Hand in die Hosentasche gehängt. Entschlossenheit liegt in diesem Griff, aber die Füße verraten seine Unsicherheit. Marie hält in der rechten Hand einen Hut, als hätte sie damit eben noch gewunken.

Marie wird ihren Mann verlassen. Hugo Alfvén, ein schwedischer Komponist, hatte sich in sie verliebt, als er sie auf einem Gemälde von Krøyer sah. Der Maler hatte seine Frau mit dem

Hund am Strand von Skagen gezeigt: Beide, Hund und Frau, wenden dem Maler den Rücken zu und beide schauen nach links. Vielleicht kommt jemand am Strand auf sie zu. Es wirkt, als warteten sie gespannt, um zu erkennen, wer sich ihnen nähert. Die Szene erscheint hell, wie mit Scheinwerfern ausgeleuchtet. Das Halsband des Hundes und Maries Gürtel leuchten so golden, als würde der Maler im wärmsten Licht des Tages den schönen Moment, also das Glück, erzwingen wollen.

*Peder Severin Krøyer: »Sommerabend am Strand von Skagen« (1899)*

Wie manisch hat Krøyer den Strand immer wieder gemalt: zunächst als Ort der Fischer und ihrer Boote, dann als Kulisse der Sommerfrische und einer glücklichen Künstlerkolonie am Ende des 19. Jahrhunderts. Das Leben muss hier oben im Norden doch gelingen, wo man sich einig ist, was man will, nämlich die Natürlichkeit des einfachen Lebens. Das Schöne der Kunst. Die Liebe. Als Kind hatte Krøyer bei seinen Pflegeeltern in Kopenhagen oft im Haus bleiben müssen und nicht nach draußen gedurft. Seine Welt bestand aus brachliegenden Grundstücken, die er sah, wenn er aus dem Fenster blickte, so hat er es später seinem Freund, dem Maler Michael Ancher, erzählt. Erst als Krøyer zehn war, durfte er die Schule besuchen. In Skagen malte er dann so viele Szenen am Strand, auch Selbstporträts, als müsse er sich auf diese Weise vergewissern, dass die Welt schön ist und er einen Platz am weißen Strand am blauen Meer hat.

Am Strand zu sein heißt, man selbst zu sein. Man muss sich nicht als jemand ausgeben, auch nicht als der, der man ist. »Gar besonders wunderbar wird mir zumute, wenn ich allein in der Dämmerung am Strand wandle«, schrieb Heinrich Heine, »hinter mir flache Dünen, vor mir das wogende Meer, über mir der Himmel wie eine riesige Kristallkuppel – ich erscheine mir dann selbst sehr ameisenklein, und dennoch dehnt sich meine Seele so weltweit.« Von der gleißenden Sonne übermannt, streckt man sich im warmen Sand aus, fühlt sich willkommen, das eigene Gewicht sinkt in den Grund, Sand rieselt durch Finger und Zehen, das nahe Wasser rauscht. Die Seele darf baumeln. Alles ist für einen Moment lang richtig und man selbst nicht so wichtig.

Der sonnenüberflutete Strand erinnert uns an paradiesische Zustände: Sinnlose Beschäftigungen sind in Ordnung. Es ist legitim, nichts zu tun. Im Angesicht des Meeres darf man auf der faulen Haut liegen. Zu den Privilegien des Badegastes gehört es auch, fast nackt und ohne Sorgen den Tag zu verbringen. Noch besser: Löcher in die Luft zu gucken. Der zivilisierte Mensch darf sich frei fühlen, auch wenn das Natürliche künstlich ist, wie Norbert Elias meinte, wir täten ja nur so, als ob wir frei wären und ein natürliches Leben führen würden. Trotzdem: Die Weite des Sandes ist ein Niemandsland, in dem andere Gesetze gelten, so der französische Philosoph Jean Didier-Urbain.[III] Am Strand darf sich jeder gleichermaßen niederlassen und zur Schau stellen. Der Strand erlaubt das Verlangen nach Nacktheit ohne Scham – wie vor dem Sündenfall. Die Küste ist eine erogene Zone. Wo die Wellen sich bäumen, darf die Libido sein. Auf die Frage, wo das sexuelle Verlangen am größten ist, nennen in Umfragen die meisten nach dem Bett den Strand. Danach folgt das Auto.

Die niederländischen und flämischen Maler hatten schon im 17. Jahrhundert das Land am Meer entdeckt. Sie malten nicht mehr die großen Flotten des Goldenen Zeitalters mit ihren gewaltigen Entdecker- und Handelsschiffen auf hoher See, sie begannen sich für die Küste und die Menschen der Küste zu interessieren. Sie betrachteten den Strand mit anderen Augen. Sie zeigten in realistischer Darstellung die Mühsal der Küstenarbeiter. Eine neue Genremalerei ehrte Fischer, Händler und Frauen, die von der Fruchtbarkeit des Meeres lebten. Etwas später wandten sich die dänischen Maler der Alltäglichkeit des Strandes zu. Auch sie hoben den Wert des Strandes hervor, indem sie erkennbare Menschen am Strand malten, die Fische ausnehmen, oder Männer, die ein Boot aus dem Wasser holen. Die Skagen-Motive von Peder Severin Krøyer wurden zum Idealbild vom Strand, der sanft geschwungen sich ans Meer schmiegt.

Skagen liegt am Ende der Welt, am nördlichsten Zipfel Jütlands, weiter kommt man nicht, jedenfalls nicht ohne Schiff.

*Peder Severin Krøyer: »Fra Skagen Sønderstrand« (1883)*

Hier in der Abgeschiedenheit, am Rande der Gesellschaft, trafen sich die Künstler, eine kleine eingeschworene Gemeinschaft arbeitete vom französischen Naturalismus beeinflusst. Krøyer hat schon vor seiner Zeit in Skagen maritime Szenen gemalt, 1875 entstand *Morgen bei Hornbæck. Die Fischer kommen an Land.* Zwei Boote liegen auf dem Sand, die Segel sind gerefft, weitere Boote werden gerade aus dem Wasser geholt. Der Strand ist Arbeitsplatz. Die Frauen tragen Kopftücher und schwere Röcke, die Männer Südwester, Arbeitshosen zu Fischerhemden, hohe Stiefel. Das Meer verlangt den Menschen viel ab. Das Tätigsein legitimiert die Existenz. In der Ferne wird Rauch von Dampfschiffen sichtbar und eine Reihe von Segeln – also ist auch auf dem Meer kein Müßiggang.

1882 hatte Krøyer in dem Bild *Marine. Skagen* das Meer noch mit bedrohlichem Wellengang gemalt: weiße Gischt unter tiefhängenden Regenwolken. Der Strand ist menschenleer, ein einzelner Stein hält den Kräften des Wassers stand. Trotzdem spült die Brandung nicht Katastrophe und Untergang an, die Wellen laufen sanft auf den Strand, der so makellos daliegt, als warte er nur darauf, dass Menschen sich ihm in harmloser Absicht nähern. Ganz anders der Strand auf Krøyers Gemälde *Fra Skagen Sønderstrand.* Auf einem endlos langen und auch breiten Strand, der auch noch anzusteigen scheint, wandert ein winziges Menschlein aus dem Bild heraus, ein Strich nur am Rand vom Land. Selbst die Möwen über dem Wasser sind leichter als Lebewesen auszumachen als dieser Mensch. Seinen Fußspuren folgen die Augen in einer sich schlängelnden Bewegung. Das Menschlein hat sich auf den Weg und aus dem Staub gemacht.

# IV.

Der Mensch ist blind für den Wandel, der in zeitlupenartigen Prozessen das Land verändert. Was Wind und Wasser bewirken, geschieht für das menschliche Auge zu langsam. Deshalb sind geologische Prozesse schwer vorstellbar – sie erstrecken sich über zu große Zeiträume, die nicht überschaubar sind. Unvorstellbar sind auch die Eismassen, die sich vor ein paar tausend Jahren von Norden aus über das Land schoben, und das viele Schmelzwasser, das das Land ebenso formte wie die Gletscher. In geologischen Dimensionen gerechnet, ist das nur ein Wimpernschlag, aber für ein Menschenleben eine Ewigkeit.

Die Landmassen der Erde bestehen mengenmäßig zum größten Teil aus Tiefengestein oder Plutonit, benannt nach Pluto, dem Gott der Unterwelt. Granitgesteine bilden wiederum den weitaus größten Teil der Plutonite und die schönen Schärengärten der schwedischen und finnischen Küsten. Noch gar nicht lange weiß man mit Sicherheit, dass sich Granite aus ursprünglich flüssigen, magmatischen Schmelzen bilden, die sich im tiefen Inneren der Erde langsam auskristallisieren. Als Goethe geologische Studien betrieb, teilten sich die Wissenschaftler in zwei Lager, in das der Neptunisten und das der Plutonisten. Letztere, der Name sagt es, hatten recht. Die Neptunisten dagegen glaubten an sedimentative Prozesse, also an langsame Ablagerungen in einem die Erde umspannenden Urozean. Goethe zählte zu den Neptunisten. Granit war für ihn der Urgrund der Erde. Und dass der durch eine vulkanische Aktivität entstanden sein sollte, schien ihm viel zu aggressiv. Goethe war so etwas wie ein Geo-Pazifist. Alles Gewaltsame schien ihm nicht naturgemäß. Er irrte.

Die Granitfelsen schwedischer Schären sind also etwas sehr Altes, das aus dem Innern der Erde stammt. Fast zwei Milliarden Jahre alt können europäische Granite sein, jüngere gibt es auch, beispielsweise an den Küstenstränden von Sardinien oder Elba. Auch heute noch könnte sich Granit bilden, es ist kein Prozess, der der Vergangenheit angehört. Weil es aber ein langsamer Prozess im Verborgenen ist, ist es unmöglich, die Entstehung von Granit zu beobachten. Was man tun kann: Granit sich vielfach vergrößert anschauen. Dabei entdeckt man ein vielfarbiges Kunstwerk aus Feldspat, Quarz und Glimmer – von geologischen Prozessen in unendlich langer Zeit geschaffen. Ebenso langsam zerfällt das Granitgestein auch wieder in seine Bestandteile: die Sandkörner. Und ebenfalls sehr lange dauert es, bis die sich an einem Strand wieder zusammenfinden.

Vielleicht sehnen wir uns deswegen nach Strand. In der schieren Weite scheint auch Ewigkeit eingewoben – Strand war nicht immer Strand, er hat in Jahrmillionen vielfache Wandlungen durchlaufen. Im Angesicht solcher Dimensionen fühlt sich das eigene Leben etwas weniger wichtig, aber auch weniger vergänglich an. Wer am Strand aufs Meer blickt, kann erfahren, was Demut ist, und glaubt gern daran, dass dem Ganzen ein Sinn zugrunde liegen könnte.

*Als wir, Karsten und Hella,* einmal über die an manchen Stellen bis zu fünfzehn Kilometer breite Marschlandschaft entlang wanderten, gingen unsere Füße in Wahrheit über angeschwemmten Meeresgrund, der auch einmal Strand gewesen war. Wir gingen einem kräftigen Westwind entgegen, weit oben mit guter Aussicht. Zur östlichen Seite erstreckte sich der Maasbüller Herrenkoog, zur westlichen der Kleiseerkoog. Die Häuser lagen zu unseren Füßen in der Senke. Berg und Tal in Nordfriesland. Die Berge: Deiche. Unser langgestreckter Wall: ein Schlafdeich. Die

*Kühle Wellen schenkten bei Ebbe dem gefrorenen Strand Bänder aus Eiskristallen*

Senken: Köge, eingedeichtes Marschland, das von Deichen umschlossen wird, sodass kein Meerwasser zu den Wohnhäusern vordringen kann. Dabei ist das Meer weit weg, fast zehn Kilometer. Doch vor langer Zeit hat es das Land hierhergebracht und fruchtbar gemacht. Die Küstenlinien, wie wir sie heute kennen, entstanden erst nach und nach in den letzten Jahrhunderten und sogar Jahrzehnten. Wir folgten auf unserer Wanderung diesen Linien und gingen auf den unterschiedlichen Böden, die das Meer geschaffen hat – bis an den schmalen Strand vor dem Deich von Dagebüll.

Ohne das Meer gäbe es das Land hier nicht. Mit dem Eis des Pleistozäns waren gewaltige Moränen dorthin geschoben worden, wo heute Norddeutschland liegt. Die Schuttmassen bil-

*Das Meer nimmt sich vom Strand, was ihm zusteht*

deten bucklige Rücken, die später die Kerne der Nordseeinseln wurden und die unfruchtbare Geest des Festlands. Der größte Teil des Kontinentalsockels lag am Ende des Pleistozäns trocken, nur weit im Norden gab es eine kleine Nordsee. Noch war viel Wasser im Eis gebunden, und der Wasserstand der Weltmeere lag fast 130 Meter niedriger als heute. Vor 12.000 Jahren wurde es dann allmählich wärmer, das Eis taute und der Meeresspiegel stieg. Zunächst sehr rasch, um ein bis zwei Meter pro Jahrhundert, gespeist von dem Schmelzwasser der Gletscher. Bestehende Strände wurden überflutet und die Sedimente ins Landesinnere gespült, sodass nicht nur das Meer, sondern mit ihm auch das Land anstieg. Als dann die großen Eisschilde abgeschmolzen waren, hatte das Wasser Einbuchtungen, Küsten und Täler mit Sedimenten, Sand und Geröll bedeckt – und Strände geformt.

Wellen sind die wichtigsten Stranderzeuger, wenn sie mit flach ansteigendem Land in Berührung kommen. Strände sind weder ganz fest noch ganz flüssig. Ihre Substanz besteht aus lauter locker liegenden Bestandteilen mit beweglichen Zwischenräumen. Die sind abwechselnd mit Wasser und mit Luft gefüllt. Die Teilchen und Teile am Strand bestehen meistens aus Sand und Sand ist zerriebenes Gestein. Die Körnung vom Sand liegt unter zwei Millimetern. Gröber im Korn ist Kies, dessen Durchmesser bis zu 6,3 Zentimeter reicht. Diese krumme Zahl entstammt einer logarithmischen Sandskala der Geologie. Sandstrände mit etwas Kies sind häufig, aber reine Kiesstrände sind selten. Oft haben sie außer Sand auch noch einen Anteil Geröll, das aus bis zu schädelgroßen Steinen besteht. Viel davon liegt in rasch fließenden Flüssen und oft auch am Ostseestrand. Dort sind sie Relikte von ins Meer gestürztem Land. Noch kleiner als Sandkörner sind die Teilchen im Ton. Die aber liegen so fest haftend beieinander, dass Ufer aus Ton nicht als Strände gelten, ebenso wenig wie die aus felsigem Gestein. Diesen fehlt das Lockere von Sand, Kies und Geröll am Strand.

Sandstrände sind nicht nur bleich oder weiß, sondern öfter noch grau oder braun. Wo Vulkane aus dem Meer ragen und zerbröselte Lava hinterlassen, sind Strände sogar raben-

schwarz. Lediglich das Mineral Olivin bringt etwas Grün dort hinein. Wenn ein feuchter Sandstrand aus Quarzsand mal leicht grünlich schimmert, baden da bei Ebbe einzellige Algen im Sonnenlicht. Die grünen Landpflanzen wurzeln nur hoch oben am Strand, wo die Flut selten hinkommt. Rein weiße Strände sind reich an körnigem Kalk. Der entstammt zerriebenen Kalkalgen, Korallen, Muschelschalen und anderen Meereswesen oder in fossiler Form dem Kalkgestein. Spezielle Mikroorganismen können solchen Stränden sogar einen Hauch von Rosa verleihen. Nur blaue Strände gibt es nicht.

An Sandstränden ist der feuchte Sand dunkler und der trockene Sand hell. Feuchter Sand ist in der Regel fester und schön zum Laufen. Er kann aber mit Wasser übersättigt sein. Solch ein Treibsand saugt den Fuß nach unten. Erkennen lässt sich das vorher nicht, höchstens erahnen. Manchmal bleibt Luft unter feuchtem Sand, wenn sie von Wellen und der Flut überrascht wurde. Sie wird eingeschlossen und blubbert erst hoch, wenn wir darauf treten. Auch dann gibt der Sand nach und wir das Laufen darin bald auf.

Alle Strände fallen zum Meer hin ab. Die Strandkunde erkennt darin drei Abschnitte.[1] Als Vorstrand bezeichnet sie den unter Wasser bleibenden Strand. Dort laufen die Schiffe und Wellen auf Grund. Wellen überschlagen sich, nachdem sie den Grund berührt haben. Im Vorstrand häufen sie parallel zum Strand verlaufende Sandriffe an. Die oberen davon können bei Ebbe auch mal auftauchen. Da Wellen zwischen Vorstrand und Strandhang ständig viel Wasser, Sand, Kies oder Steine hin und her verfrachten, gehören Unter- und Überwasserstrand eng

*Bei Sturm brechen die Wellen schon weit vor dem Strand*

zusammen. Bei starken Gezeiten und viel Sediment taucht bei Niedrigwasser statt Vorstrand ein weites Watt auf.

Strandhänge enden unten oft mit einem Knick im Hang, auch Strandkehle genannt. Die entsteht, wo die meisten Wellen zusammenbrechen. Dies ist die turbulenteste Zone vom Strand. Seewärts davon liegt meist ein flach abfallendes Plateau, während zum Land hin der Strandhang steiler ansteigt und das in leicht gewölbter Form. Zur Krönung befindet sich oben ein Wall, die sogenannte Berme. Die wird nur von außergewöhnlich hohen Wellen bei Sturmfluten überspült. Solche Wellen erreichen auch den sonst fast immer trockenen, oberen Landstrand, wo schon lockerer Pflanzenwuchs steht. Das ist der dritte Abschnitt. Noch weiter landeinwärts folgen die aus verwehtem Strandsand geformten Dünen oder aber ein steiles Kliff. Das entsteht, wo Sturmflutwellen das Land zum Einsturz bringen. Land und Meer sind zwar von grundverschiedener Natur, aber Strände können zwischen ihnen vermitteln und beschwichtigen die Wellen. Bei Sturm allerdings lassen Wellen keinerlei Zweifel: Der ganze Strand gehört zum Meer. Von dort kommt auch der meiste Sand.

## V.

Am Ostseekliff von Dänisch-Nienhof nahe Kiel, einer Fördenküste: Die Ostsee offenbart an einer aufgebrochenen Kante ihr inneres Wesen – eine Wand, aus der man Hände voll Sand herausbrechen kann. Der Sand ist fest, dazwischen kullern größere und kleinere Steine aus dem Geschiebemergel, sichtbare eiszeitliche Ablagerungen, wie es sie in der gesamten südlichen Ostseeküste gibt. Je weiter man nach Osten kommt, desto sandiger wird es, nach Norden, nach Skandinavien hin wird es dagegen steiniger. Der Grund: Die skandinavische Küste wurde zum Ende der letzten Eiszeit viel später von den Gletschern freigegeben als die deutsche, polnische oder baltische. Dadurch hat sie viel mehr Hartsubstrat, mehr Stein – Granit vor allem.

Die Strandformationen der Ostsee sind ein wildes Mosaik und nichts anderes als ihre geologische Biografie. Unter dem größten Teil der Ostsee liegt ehemals trockenes Land. Die Ostsee ist ein junges Meer, aber ihre Küsten und ihr Untergrund sind aus Gesteinen, die zu den ältesten in Europa zählen. Zu Ufern, Stränden und Meeresboden wurden sie erst, als die Ostsee geboren wurde. Die Ostsee ist viel komplizierter als die Nordsee. Sie ist heterogener und kleinteiliger. An ihren Rändern hat sie noch längst keine Ruhe gefunden.

Die Ostsee wird nach Süden ausgekippt: Das Land im Norden liegt höher, es wurde später von der Last des Eises befreit und bis heute kommen alte Sedimente nach oben, in den schwedischen und finnischen Schären tauchen immer noch neue Inseln auf.

Die deutsche, polnische und auch litauische Ostseeküste sinkt dagegen langfristig. Sie besteht vor allem aus Sand, Geröll oder weichem Gestein wie Kalk. Solches Sedimentgestein bildet im Ostseeraum eine geschichtete Stufenlandschaft, die ganz allmählich nach Osten und nach Süden hin abfällt, weil im Westen und Norden des Ostseeraums diese Stufen so weit über den Meeresspiegel angehoben wurden, dass sie besonders stark der Erosion ausgesetzt waren. Sand und Gestein wurden von Wind und Wellen abgetragen, nach Süden und Osten verlagert. Schließlich haben sie die Ostseestrände im Süden mit feinen und gröberen Sänden gefüllt.

Vor etwa 100 Millionen Jahren war die südliche Ostsee Teil eines kreidezeitlichen Meeres. In diesem warmen Meer lebten Tiere und Pflanzen, die zu kalkhaltigen Ablagerungen beitrugen. Einige Riesenbrocken wurden aus dem Meeresboden emporgedrückt und bilden nun die Steilküsten von Rügen und Møn. Die Kreidefelsen erscheinen im hellen Sonnenlicht weißer als Weiß. Läuft man unterhalb von ihnen am Strand, möchte man die Kreide anfassen, ein Stück herausbrechen und es fühlen.

Rügen und Møn gegenüber erstreckt sich ein etwa zweihundert Kilometer langer Sandstreifen zwischen Falsterbo und Sölvesborg. Die meiste Zeit ist der Strand flach und eben, nur selten erhebt sich eine steilere Küste in die Höhe, aber es gibt sie.

*Hella ist die südschwedischen Sandstrände im Winter zusammen mit ihrem Kollegen Fritz Habekuß gewandert.* Wir hatten Temperaturen um null Grad Celsius und die obere Sandschicht war gerade so hart gefroren, dass wir leichten Fußes über den Sand gehen konnten. Meistens schob uns der Westwind sanft gen Osten, während winzige Wellen auf den Strand liefen, der sich flach zu den Dünen hin ausstreckt. Durch die Dünen verläuft parallel zum Strand ein Trampelpfad, ihn zu gehen, ist aber mühsamer als auf dem überfrorenen Strand. Hinter den Dünen wachsen geduckte Kiefern, die wie ein Spiegelbild des Meeres aufragen: Ihre mit dunkelgrünen Nadeln behangenen Arme ähneln kippenden Wellen, und fast wie Gischt leuchtet die Rinde, wenn die Wintersonne in einer flachen Bahn über den südlichen Horizont zieht.

Die Sandstrände Südschwedens bilden eine geologische Zäsur vom skandinavischen Subkontinent zum nördlichen Mitteleuropa. Der Provinz Schonen gegenüber liegen die weitgespannten Sandstrände Schleswig-Holsteins und Polens, die erst bei den großen Nehrungen mit einem nach Norden gerichteten Schwung ihr Ende finden. Nicht zufällig liegt Bornholm genau zwischen diesen beiden Sandküsten, quasi inmitten einer geologischen Schnittmenge. Die Insel, die zu Dänemark gehört, vereint die gewaltige Vielfältigkeit der Ostseeufer auf kleinster Fläche. Bornholm hat Sandstrände und Steilufer aus Granit, Felsenkliffe und flache Dünenheide, Mergel und Kreide, Tonschiefer und weichen Sandstein. Wie ein Archiv der Natur fasst sie die Küsten der Ostsee zusammen.

# VI.

Die Mutter aller Strände ist das Meer mit seinen Wellen. In der Weite des Ozeans wogen die Wellen noch rhythmisch. Nähern sie sich der Küste, reiben sie sich am flachen Grund. Das bringt sie aus dem Takt. Sie werden gestoppt, überstürzen sich und schwallen schließlich auf den Strand. Den versorgen sie mit zuvor aufgewirbeltem Sand. Gegen Uferfelsen prallende Wellen werden schroff abgewiesen und zurückgeworfen. Weiche Strände suchen stattdessen die Verständigung mit den Meereskräften.

Am Strand geht die Wucht der Wellen über auf die locker gepackten Bestandteile aus Sand, Kies oder Geröll. Die werden aufgewirbelt und hin und her gerollt. Dabei dringt das Wasser in deren Zwischenräume ein, reibt sich und wird ausgebremst. Strände besänftigen so die Wucht anbrandender Wellen. Dabei verschwindet ihre Energie aber nicht, sondern überträgt sich auf die Teilchenbewegungen und bringt so ganze Strände in Bewegung. Nicht nur erfolgt laufend eine Umverteilung aller Teilchen rauf und runter am Strand, sondern darüber hinaus auch ein Transport entlang des Strandes. Strände bleiben sich nie gleich.

Den Wellen verdanken die Strände ihre Form.[1] Daneben haben auch die Partikelgrößen mitzureden. Je gröber die sind, desto steiler kann ein Strandhang sein. Doch die Wellen sind die verändernde Kraft. Wellen wiederum werden vom Wind angetrieben. Der bestimmt die Höhe der Wellen sowie die Wellenlänge. Letztere ist der gemessene Abstand zwischen aufeinanderfolgenden Wellenkämmen. Nicht nur die Windstärke und die Dauer des aus einer Richtung kommenden Windes wirken sich auf die Wellen aus, sondern auch der Fetch – das ist die ungestörte Streichlänge des Windes über See und macht viel aus. Kommt auf Sylt der Wind aus östlicher Richtung, beträgt der Fetch bei Niedrigwasser nur wenige und bei Hochwasser bis zu 20 Kilometer. Kommt der Wind dagegen aus Westen, streicht er über hunderte von Kilometern über die Nordsee hinweg und auf die Insel zu. Entsprechend betragen die Unterschiede zwischen Wattseite und Seeseite der Insel für die Wellenhöhen und Wellenlängen gut das Zehnfache. Das bekommen die Strände zu spüren.

Bis in welche Wassertiefe die Eigenbewegung der Wellen reicht, lässt sich nicht aus der Wellenhöhe, aber aus der Wellenlänge abschätzen. Die Hälfte davon entspricht der Tiefe, bis zu der eine Welle das Wasser in Schwingungen bringt. Je weiter der Abstand zwischen aufeinanderfolgenden Wellenbergen, desto früher berühren die Wellen den Grund, wenn sie sich dem Strand nähern. Durch die Grundberührung wird eine Welle unten langsamer als oben. Das lässt schließlich den Wellenberg nach vorne überkippen. Schaumkronen entstehen bei dem Tumult und das oft schon weit vor dem Strand. Die Wellenberge können sich aber nochmals aufbauen und brechen schließlich krachend direkt auf den Strand. Ihr Schwall schießt den Strandhang hoch. Dabei verlieren die Wellen ihren Schwung, denn ein Teil ihres Wassers sickert in den Strandhang ein und rinnt nur langsam im Sandlückengefüge wieder hangabwärts. Der Rest des Wellenwassers rauscht oberflächlich den Hang wieder runter.

Meistens treibt der Wind die Wellen nicht frontal auf einen Strand, sondern in mehr oder weniger schrägem Winkel. Durch

*Wellen schwenken auf den Strandverlauf ein*

das Einschwenken der Wellen auf die Strandlinie entsteht dann eine parallel zum Strand verlaufende Strömung. Die formt eine Rinne im Vorstrand und trägt am Grund viel Sand in Längsrichtung des Strandes mit sich fort. Der Strandsand ist dadurch im Fluss. Die den Strand schräg hoch rauschende Welle trägt aufgewirbelten Sand nach oben. Was da nicht liegen bleibt, nimmt mit dem Wellenrückfluss den kürzesten Weg hangabwärts, also nicht den schrägen Weg zurück, den der Wellenschwall nahm. Dadurch durchlaufen Sandkörner am Strandhang einen Zickzackkurs und rollen nicht einfach nur den Hang an derselben

Stelle rauf und runter. Auch das versetzt den Strand in Längsrichtung. An der Nordseeküste überwiegen Winde aus Südwest. Dazu gehören auch die heftigsten. Die vom Südwest angetriebenen Wellen versetzen die in West-Ost-Richtung verlaufenden Strände der Ostfriesischen Inseln stärker als die in Süd-Nord-Richtung verlaufenden Sandbänke und Strände der Düneninseln Nordfrieslands.

Strände sind höchst dynamische Gebilde, und je nach ihrer Lage und den Partikelgrößen ihres Sandes verändert sich ihr Gesicht. Die Strandforschung versucht Ordnung in die Vielfalt der Strandformen zu bringen.[2] Wohl wissend, dass kein Strand einer Idealform verpflichtet ist, werden zwei Grenzfälle charakterisiert, um dann die realen Strände auf einer Skala zwischen diesen Extremen zu sortieren. Betrachtet werden die Strandprofile. Die folgen aus dem jeweiligen Wellenregime und dem Strandsediment, also dem Spektrum vom feinkörnigen Sand bis hin zu rollenden Steinen. Die Gezeiten und die unmittelbare Wirkung des Windes spielen nur Nebenrollen.

Der eine Grenzfall ist dissipativ, soll heißen, die Wellenenergie wird weitgehend aufgenommen und am Strand zerstreut. Solche Strände formen sich bei Wellen großer Wucht, die auf feinen Sand treffen. Dann steigt der Strandhang gleichmäßig und sehr flach an und die Brandungszone ist sehr breit. Die turbulenten, tumultartigen Wellen verlieren viel ihrer Energie schon an den Vorstrand. Dissipative Strände verändern sich wenig. Gute Beispiele hierfür sind die Brandungsstrände der östlichen Enden Ostfriesischer Inseln, der breite Strand von St. Peter-Ording oder die der nördlich von Sylt anschließenden dänischen Inseln Rømø und Fanø. Die drei letzteren sind wegen ihrer Breite bei Strandseglern und Autofahrern beliebt.

Der andere Grenzfall der Strandformen ist reflektiv, soll heißen, viel der Wellenenergie wird ins Meer zurückgeworfen. Solche Strände formen sich bei Wellen geringer Wucht. Die Brandung ist schwach und der Strandhang steil. Die Wellen brechen meist erst am Fuß des Strandhanges, platschen auf den unteren Hang und der Schwall gleitet nur ein kurzes Stück den steilen Hang hoch.

Die Sandkorngrößen werden von den Wellen im Strand ungleich verteilt. Kleine, leichte Körnchen werden weit hochgetragen beziehungsweise auch weit wieder zurück zum Vorstrand befördert. Die gröbsten und damit schwersten Sandkörner bleiben in der Strandkehle, dem Strandknick, liegen, denn diese Teilchen zu verfrachten erfordert viel Wellenenergie. Am reflektiven Strand trifft die meiste Energie da auf, wo der steile Hang beginnt.

In reinster Form sieht man solche reflektiven Strände auf den Wattseiten der Nordseeinseln. Diese Strände sind schmal und in ihrem lockeren Sand ist das Laufen recht mühsam. Auch viele Ostseestrände sind reflektiv. Die meisten Strände aber liegen zwischen diesen zwei Grenztypen, und die Übergangsformen sind äußerst vielfältig. Auch sind diese intermediären Strände dynamischer als die beiden Extreme. In ihrem Vorstrand befinden sich ausgeprägte Sandriffe. Mindestens eins, meist aber mehrere, wobei in der Regel die Riffe zur See hin schwächer werden. Nur selten bleiben solche Riffe ununterbrochen. Dafür sorgt die mitreißende Rückströmung der Brandung. Die wird

Rippströmung genannt. Wer an solchen Stränden schwimmt, soll sich vor ihr hüten. Bei hohen Wellen ist es oft unmöglich, gegen die Rippströmung anzuschwimmen. Stattdessen sollte man versuchen in Längsrichtung des Strandes aus dem Rippstrom herauszukommen. Erst danach gelingt es, wieder zum Strand zurückzuschwimmen. An bewachten Stränden kennen Rettungsschwimmer die Position dieser mitreißenden Strömungen und pfeifen die Badegäste von dort zurück. Wie alles am Strand, ist die Lage solcher Rippströme veränderlich. Bei Ebbe sind sie außerdem viel stärker als bei Flut.

Dissipative Strände haben den höchsten Energieverbrauch. Bei reflektiven Stränden geht ein Überschuss an Energie wieder zurück an die See. Wo Wellen ganz schwach sind, wachsen Landpflanzen bis ins Wasser hinein. Dazu gehören Baum- und buschförmige Mangroven sowie Salzwiesenpflanzen. Beide speichern enorm viel $CO_2$ in ihrer Pflanzenmasse und noch mehr im schlickreichen Sediment. Strände speichern nichts. Sie sind zu sehr in Bewegung für aufrechten Pflanzenbewuchs.

Das Bild der Strände wäre unvollständig ohne Blick auf die Wirkung der Sturmfluten. Stürme bringen die Strandformen gehörig durcheinander. Was sich in ruhigen Phasen aufgebaut hat, wird in kurzer Zeit wieder auf null gesetzt. Zuvor trocken liegende, obere Strandbereiche geraten unter heftigen Welleneinfluss. Wo ein Kliff oder Dünen hinterm Strand liegen, landet von deren Sand viel auf dem Strand oder Vorstrand. Während einer Sturmflut werden Strände vorübergehend sogar ganz zu Vorstränden. Danach sind zuvor breite Strände erst einmal schmal. Das gilt besonders für die dynamischen Zwischenformen, während dissipative Strände sich kaum verändern. Der Sandverlust nach dem Sturm erscheint zunächst dramatisch. Viel davon ist aber nur im Vorfeld der Strände zwischengelagert und kehrt von da in ruhigeren Phasen wieder zurück. Wirklich verloren geht selten etwas.

*Sturmfluten sind nicht nur ein elementares Erlebnis für alle Hausbewohner, die wie Karsten in Strandnähe leben.* Diese Wahnausbrüche des Meeres ziehen magisch an. Ich wohne auf einer Düne der Wattseite von Sylt mit reflektivem Strand. Dort steigt bei Sturm aus Westen das Wasser zwar hoch an, aber die Wellen bleiben im Windschatten der Insel eher schwach. Auf der Nordseeseite steigt dagegen nicht nur der Wasserstand, auch die Wucht der Wellen nimmt enorm zu. Salziger Schaum fliegt einem dort um die Ohren. Gischt und waagerechter Regen kommen meist hinzu. Außerdem fliegt noch der Sand, aber meist nur flach über den oberen Strand, wo der noch nicht unter Wellen liegt. Schwimmen in der Sturmflutbrandung wäre lebensgefährlich. Möwen aber zeigen, dass sich trotz entfesselter Natur wunderbar fliegen lässt. Über Stränden mit hohen Dünen oder steilem Kliff sieht man die Möwen auch bei Sturm noch schweben. Sie stehen quasi im Wind, um im nächsten Moment über die tobenden Wellen gekonnt dahinzugleiten. Zu holen gibt es für sie da eigentlich nichts. Sie haben wohl schlicht Lust an der rasanten Bewegung.

*Die Lust der Möwen kennt Hella. Vor vielen Jahren hatte ich es mir einmal in den Kopf gesetzt,* unbedingt noch zu schwimmen, bevor es dunkel wurde. Es war ein schöner Ferientag im August, und ich wollte mir vom Sylter Sturm nicht vorschreiben lassen, ob ich schwimme oder besser im Warmen bleibe. Regensicher gekleidet zog ich also durch ein kleines Wäldchen nahe dem Klinikum, wo die Bäume mich vor Sturm und Schauer schützten. So schlecht war das Wetter also gar nicht. Mit ganzer Gewalt empfing der Wind mich erst, als ich den Dünenkamm überschritt und das Meer sah. Eine losgelassene Bestie. Und mit der wollte ich es aufnehmen. Am Strand war weit und breit kein Mensch zu sehen, die Lebensretter waren auch nicht auf ihren Plätzen, stattdessen standen die roten Warnwimpel quer im Wind. Ich ging trotzdem ins Wasser und fühlte in der Brandung, was es heißt, am Leben zu sein. Dann fühlte ich nichts mehr, den Grund unter den Füßen hatte ich verloren und war in eine Rippströmung geraten, gegen die ich sofort mit allen Kräften ankämpfte – wie falsch das ist, bemerkte ich, als die Kräfte mich verließen und es immer aussichtsloser wurde, dass ich zurück an Land finden würde. Natürlich wusste ich, dass es keinen Sinn hat, gegen das Meer anzuschwimmen. Es ist stärker und ausdauernder als ich. Sein Wasser ist auf Dauer zu kalt für den menschlichen Körper. Der muss sofort seine Energiereserven anzapfen, um auf 36 Grad zu bleiben. Aber die ganze Kraft hatte ich ja schon in wilde und sinnlose Kraulschläge investiert, das heißt, ich hatte sie vergeudet.

Ich wurde panisch – mein Wissen um die Tücke von Rippströmungen hatte sich in Adrenalin aufgelöst. Als schwämme ich kopflos im Meer, als hätte ich nie gewusst, dass man am besten erst einmal versucht, parallel zum Strand zu schwimmen, um aus der Strömung herauszufinden. Und erst dann versucht, abseits der Strömung auf den Strand zu kommen. Das war al-

*Eine dünne Eisschicht hat sich auf dem freigefallenen Sand gebildet*

les weg, das Blut schlug mit Peitschenhieben von innen gegen meine Schläfen, ein paar Bilder aus der Vergangenheit tauchten kurz auf, ich blickte auf mein Leben und bedauerte, dass ich mich so früh verabschieden sollte.

Ich gab auf.

Ich gab mich hin, ich überließ mich dem Meer. Und rettete mich auf diese Weise, was ich natürlich nicht wusste. Denn mit jeder Welle hatte sich ein gefährliches Gefühl von Geborgenheit angeschlichen und lullte mich nun ein. Die Panik war weg, das Bedauern auch. Ich wurde Teil des Meeres.

Das Meer wirbelte mich wie im Schleudergang zwischen Grund und Wasseroberfläche, ich wusste nicht mehr, wo oben und unten war, mein Körper schlug Salti und wurde gedreht und gewendet. Ich entspannte mich. Und das Meer gab mich frei und spuckte meinen willenlosen Körper am Strand aus.

Als ich den groben Sand zwischen die Finger bekam, erwachte ich wieder zum Leben. Wo war ich? An Land? Im Himmel? Am Meeresboden? Auf allen Vieren krabbelte ich aus dem Wasser.

Nie wieder bin ich so froh gewesen, mich auf einem Strand zu wissen.

## VII.

*An einem stillen Frühsommertag vor gar nicht langer Zeit begegneten uns auf einer Wanderung* auf nur drei Kilometern Sylt drei grundverschiedene Strände. Der Grund für ihre Unterschiedlichkeit liegt nicht nur an Wellen und Strömung, sondern auch an ihrer Behandlung durch uns Menschen. Jeder der drei Strände hat seine eigene Geschichte. Wir trafen uns auf der Ellenbogendüne, gut dreißig Meter über dem Lister Badestrand. Von hier aus bot sich uns ein weiter Rundumblick: zur weiß leuchtenden Wanderdüne, über den schnurgeraden Strand Richtung Rotes Kliff im Süden, zum verschwommenen Horizont der Nordsee, mit kaum erkennbarem Windpark Butendiek weit im Westen. Gen Norden der Ellenbogen, der zum Westfeuer hin immer schmaler wird, bis er dann eine Biege macht und flach bleibt bis hin zum Ostfeuer und der Häusergruppe Üthörn, wo das lange Sylt endlich sein Ende findet. Beide Leuchtfeuer wurden einst installiert, um Schiffe sicher zwischen Sylt und Rømø durch das Lister Tief zur

Handelsstadt Tønder zu lotsen. Denn zuvor war ein Ostindienfahrer am Ellenbogen schmählich gestrandet, kurz nachdem er von Tønder abgelegt hatte. Aus Schadenfreude oder als Zeichen Sylter Weltoffenheit wurde der Strand, an dem man das Wrack fand, das Ostindienfahrerhuk genannt. Die zwei Leuchttürme tun immer noch ihren Dienst, nun vornehmlich als Fotomotiv.

Zu eben diesem Ostindienfahrerhuk, dem nördlichsten Punkt von Deutschland, wollten wir und stiegen die Holztreppe zum Lister Strandlokal hinab. Ein Vorgänger davon wurde zu dicht ans Dünenkliff gebaut. Die Nordsee näherte sich dem Gebäude Meter um Meter und brachte es irgendwann zum Einsturz. Deswegen ist Nummer zwei so gebaut, dass man es wegtragen kann. Eine befahrbare Rampe führt von da weiter hinunter zum Lister Badestrand, wo eine für die Jahreszeit fast zu warme Stille herrschte. Statt Wellenrauschen am Strand, war es mehr nur ein vorsichtiges Getuschel.

Wir haben beide schon viele Wellen gesehen und stellten uns barfuß nah am Wassersaum auf und beobachteten das Wasser, als sähen wir es zum ersten Mal: Jede Welle bäumt sich kurz vor der Brandungskehle auf, überschlägt sich und zischt schräg den Strandhang hoch. Nur ein Teil ihres Wassers sickert ein, der andere strömt geradewegs den Hang wieder runter und stößt auf die nachfolgende Welle. Dabei wirbelt viel Sand auf, der den Hang hochgespült wird und oben liegen bleibt. Nur die gröberen Sandkörnchen, die feineren schien der Rückstrom gleich wieder mitzunehmen.

Wir wollten auch mitgenommen werden. Wir sind beide leidenschaftliche Schwimmer, aber die Leidenschaft ist nicht an

Distanzen gebunden. Wir genießen es, ins Wasser zu gehen. Karsten bevorzugt dabei eindeutig das Meer, Hella die Flüsse. Uns zog es also ins Wasser. Das wurde schnell tief, jedenfalls tief genug zum Schwimmen. Bald darauf wurde es wieder flach und reichte uns nur noch bis zu den Knien, dann wurde es nochmals tief. Die Wellen hoben uns sanft auf und ab. Es war Mai und die Nordsee zu kalt, um lange im Wasser zu bleiben. Am Badestrand reihten sich nummerierte Strandkörbe, der Strand zum Ellenbogen war frei davon. Etwa achtzig Schritte waren es vom frischen Spülsaum der letzten Flut durch dann hellen, trockenen Sand bis zu den Dünen.

Am Fuß der Dünen präsentierte sich eine Besonderheit. Nur mit Pflöcken und Seilen und einem erklärenden Schild hatte dort die Naturschutzbotschafterin der Insel, Stella Kinne, einen Kontrast zum möblierten Badestrand geschaffen. Sie wollte herausfinden, was passiert, wenn niemand ein Strandstück betritt. So entstand innerhalb eines Sommers eine grüne Strandinsel mit jungen Dünen. Sogar Sandregenpfeifer brüteten im abgesperrten Bereich, wo locker das Strandgras wuchs. Stellas Plan: von vierzig Kilometern Sylter Badestrand immer mal wieder einen umgrenzten Abschnitt ganz der Strandnatur überlassen.

Im Vergleich zu Norderney ist der Sylter Strand von recht grobem Korn. Der Grund dafür liegt in der geologischen Geschichte. Unter Sylt liegt eine mächtige Schicht von grobkörnigem Sand. Den hat vor Millionen Jahren ein mächtiger Fluss vom Ural kommend angespült. In einer Kieskuhle wird dieser Flusssand gefördert und beflügelt den Bauboom der Insel. Wellen greifen schon vor der Insel diesen Grobsand vom Nordseegrund auf und werfen ihn auf den Strand. Außerdem wird es vor Sylt schneller tief als vor anderen Nordseeinseln. Dadurch entstehen auch die hohen Wellen am Strand, was toll ist zum Baden, Surfen und Kiten. Diese Wellen erzeugen so viel Wirbel, dass nur grober Sand liegen bleibt, der schwerer ist, während der feine Sand davontreibt.

Die ungebremsten Wellen bewirken auch, dass Sylt den Rückwärtsgang eingeschlagen hat. Als nach der Eiszeit die ansteigende Nordsee den Sylter Hügel erreichte und zur Insel machte, lag der damalige Weststrand noch mehrere Kilometer weiter seewärts – dort ist das Meer jetzt über zehn Meter tief. Auf seinem Rückzug speiste der riesige Sylt-Sandhügel zwei viele Kilometer lange Dünenarme, einen nach Süden, Richtung dem heutigen Hörnum, und einen nach Norden, Richtung List. Beide Dünenarme zerbrachen trotz Sturmfluten nicht, sondern zogen mit. Die vom Wind getriebenen Dünen trugen außerdem Sand vom umtosten Strand im Westen hinüber auf die geschützte Ostseite der Insel. Dort ist der Strand nur schmal, weil die Wellen schwächer sind. Auf diese Weise entstand die typische Form Sylts, langgestreckt und schmal wie eine Tänzerin auf einem Bein.

Das Wandern der Dünen ging aber nur so lange gut, bis die Preußen nach einem Krieg gegen Dänemark die Hoheit über die Insel bekamen. Ihr zweiter Feldzug galt dem wandernden Sand. Es wurden Sylterinnen rekrutiert, die die Dünen mit Gras bepflanzen mussten. Arbeitsdienste und amtlicher Küstenschutz setzten ihre Arbeit bis heute fort, sodass nur drei Dünen im Inselnorden frei von Bepflanzung geblieben sind. Ihre Herkunft vom Strand beweisen die groben Körner in ihrem Sand. Die fliegen zwar nicht im Wind, kommen aber ins Rollen, wenn der Wind sie mit kleineren Körnchen beschießt.

Nicht nur wurden fast alle Dünen durch Bepflanzen in den Ruhestand versetzt, sondern am Strand entstanden mehr als hundert Buhnen. Erst wurden sie aus Holzpfählen errichtet, dann Findlinge aus alten Gräbern dazwischen gelegt, dann kamen Betonpfosten und schließlich wurden riesige Spundwände aus Stahl eingespült, alle quer zum Strand, um den Sand festzuhalten. Doch das gelang mit diesen Maßnahmen nicht. Inzwischen sind die meisten Bauwerke wieder demontiert. Stattdessen wird Sand vom Grund der Nordsee aufgesaugt, zum Strand geschippert und über Spülrohre dort verteilt. Das soll die Sandverluste nach Sturmfluten ersetzen. Gezielt wird der grobe Sand aus großer Tiefe aufgesaugt, denn der bleibt länger am Strand liegen als der feinkörnige Sand. Doch auch der muss nach ein paar Jahren ersetzt werden, denn der Sandhunger der ansteigenden Nordsee ist groß. Dennoch soll die Insel ihre Position halten. Strandnah gebaute Häuser sollten nicht mehr ins Meer abstürzen, so wie einst das Lister Lokal. Bauland auf der Insel ist teuer und soll nicht der Nordsee geschenkt werden. Wie viel Sand muss wohl her, wenn die Klimaerwärmung das Meer schneller zum Ansteigen bringt? Zum Glück ist die Nordsee reich an Sand. Doch man sollte anfangen, ernsthaft darüber nachzudenken, wie die Kosten der Sandaufspülungen mit den Immobilienpreisen verrechnet werden könnten.

Durch die üppigen Sandaufspülungen hat der Strand ein so breites Sandpolster zum Verschleiß erhalten, dass selbst Sturmfluten, die bis ans Kliff der Dünen reichen, der Insel hier nichts anhaben und die Dünen sich zur Ruhe setzen können; ja, auch Dünen dürfen das ab einem gewissen Alter. Nur an der Sylter Südspitze geht mehr Sand baden als sich aufspülen ließe. Die übrige Insel hält ihre Position, alles bleibt an seinem Platz, die Grundstückspreise und die Nordsee können weiter steigen.

*Das Salz des Meerwassers hat diese eiserne Spundwand zersetzt, die den Sand am Strand nicht zu halten vermochte*

Das Sandpolster vorm Kliff ist ein Gemeinschaftswerk von Wind, Dünengras und Mensch. Trockener Strandsand wird angeweht, bleibt zwischen Buschzäunen liegen und wird dort mit Dünengras bepflanzt. Es wäre einen Versuch wert, an einem Strand mal doppelt so viel Sand wie sonst aufzuspülen, ohne ihn oben am Strand zu bepflanzen. Der Wind könnte ihn ungebremst in die ruhenden Dünen blasen und sie peu à peu erhöhen. Vielleicht erwachen dadurch einige Dünen und kriegen wieder Lust zu wandern. Was die Sylter Landschaft verändern würde, aber die Insel nicht kleiner werden, sondern sie nur in Bewegung kommen ließe.

Nach unserem Bad gingen wir weiter den Strand entlang zum Westfeuer an der Ellenbogenbiegung. Im Zweiten Weltkrieg war hier ein Sperrgebiet. Wo das Westfeuer steht, wurde ein Geschütz in Stellung gebracht. Das sollte feindliche Landungen verhindern, musste aber selbst abgesichert werden, um nicht in der Nordsee zu landen. Der Strand wurde hier mit Basaltsteinen zugepflastert und mit Stahlspundwänden zusammengehalten. Ein Mordsaufwand und das ohne Sieg. Denn nach dem Krieg wurde ein Teil der Steine anderswo gebraucht und verbaut. Unter Wasser blieben spitze Eisenzacken verrostender Spundwände zurück. Vorm Baden warnen deswegen eindringliche Schilder. Gegen den Zerfall dieses Bollwerks wird bis heute gekämpft. Warum eigentlich? Der kleine Leuchtturm ließe sich leicht weiter nach Osten versetzen, er wäre gerettet. Das einstige Häuschen der Leuchtturmwärter avancierte zwar zum prächtigen Apartmentbau, aber muss deswegen hier der Stellungskrieg gegen das Meer immer weitergehen? Es ist vergebene Mühe und am Ende wird das Meer recht behalten.

Wir balancierten über die gepflasterte Böschung und erreichten einen völlig anderen Strand als den, wo unsere Wanderung begonnen hatte, den dritten des Tages. Nun war der Strand mehr als doppelt so breit und oben bevölkerte ihn eine Schar junger Dünen. Die vorderen schienen noch wild durcheinander zu toben, aber die hinteren Dünen hatte der Wind zu lockeren Reihen zusammengetrieben. Hier hat der Wind das Sagen und nicht mehr die Wellen. Hinter jeder Dünenreihe ist eine Mulde ausgeblasen. Weitere Dünenreihen landeinwärts zeugen davon, dass an dieser Stelle die Nordsee mit der Insel ganz anders spielt. Seit vielen Jahrhunderten schon wächst die Insel hier nach Norden. Den Anfang machte eine Sandbank am Rande des Lister Tiefs vor rund zweitausend Jahren. Durch diese Rinne zwischen den Inseln Sylt und Rømø fließt der Gezeitenstrom, der das Watt bis zum Festland flutet und bei Ebbe wieder freifallen lässt. Dieses Wattgebiet ist sehr weit und die Rinne sehr eng. Daher gräbt sie sich tief ein, um die großen Wassermengen durchzulassen.[3]

Am Grund der Rinne ist der Sand fortlaufend in Bewegung. Mächtige Unterwasserdünen pendeln mit Ebbe und Flut vor und zurück. Sie sind bis zu zehn Meter hoch und über dreihundert Meter lang. Ein Teil des ausgehobelten Sandes landet an den Seiten der Rinne, und zwar am Nordstrand des Ellenbogens mit dem Flutstrom und am Südstrand von Rømø mit dem Ebbstrom. Beide wachsen dadurch an und auf beiden entstehen auf dem trockenen Strand neue Dünen. Weiterer, aus der Tiefe gespülter Sand häuft Sandbänke zur Nordsee hin an, wo die Wellen mit dem Ebbstrom aus der Rinne kollidieren. Diese Sandbänke im Westen schützen das Ostindienfahrerhuk. Die starke Gezeitenströmung unterbindet an diesem Strand den Badebetrieb. Die Strandbesucher laufen daher meist nur unten am Strand entlang und lassen den oberen Strand mit seinen jungen Dünen in Frieden.

Was für eine Wanderung: Am Lister Weststrand, unserem ersten an diesem Tag, holen sich die Wellen mehr Sand als sie bringen. Am Westfeuer dann unterspülen sie das Deckwerk aus Stein. Und hier am Nordstrand, unserem dritten, plätschern sie nur noch auf den Strand und der angetriebene Sand bleibt liegen. Wir beobachten Eiderenten, die nach Muscheln tauchen. Eine Silbermöwe gesellt sich hinzu. Immer wenn eine Ente auftaucht mit einer Muschel im Schnabel, versucht die Möwe sie ihr wegzuschnappen. Möwen können nicht tauchen und Eiderenten können Muscheln nicht unter Wasser verschlucken. Also wird zuerst die Möwe satt und danach die Enten.

Über Dünenwälle führte unser Weg zur Straße und auf der zurück zu unseren Fahrrädern. Nicht nur uns hielten Wind und Wellen in Bewegung, auch den Stränden ergeht das so.

## VIII.

Strandurlaub als Form der Reise ist noch gar nicht alt. Lange Zeit erschien das Meer den Binnenländern unheimlich, und konnte man den Küstenmenschen trauen? Wer Hof und Tiere, Felder und Äcker nahe der Küste hatte, auch dem flößte das Meer Furcht ein. Die Wassermassen, die überirdischen Gesetzen zu gehorchen schienen, waren unberechenbar und unzuverlässig – eine Bedrohung für Leib und Seele. Besser man schützte sich gegen die Gewalt der Natur, die bei Sturmfluten ganze Küstenstriche fortspülen und das zivilisierte Leben wegreißen konnte. Um den ozeanischen Feind abzuwehren, fanden im Deichbau

militärische Begriffe Eingang und die Küste technisierte sich. Die Schifffahrt wurde mit elektrischen, später automatisierten Leuchttürmen modernisiert, die nautischen Geräte wurden mehr, der Deichbau aufwendiger. Reisewege wurden sicherer und die Eisenbahn avancierte zum beliebten und zuverlässigen Transportmittel. Dampfschiffe erleichterten das Reisen auch auf dem Meer, Albert Ballin erfand in Hamburg die Kreuzfahrt. Wie der Alpentourismus waren auch Seebäder eine Erfindung der Engländer. Schnell wurden sie Orte gehobener Geselligkeit und des Vergnügens, mit Kurhaus, Spielbank, Bibliothek und Kurmusik oder Theater. Küstentourismus war nicht mehr nur Strandurlaub, sondern auch Bildungsreise. Sintflut, Seemonster und Seeräuber gehörten der Vergangenheit an. Das Meeresufer schien berechenbar geworden – jetzt hieß es, die Elemente zu genießen! Die Schönheit erhabener Natur! Ein kollektives Verlangen nach der Küste erwachte.

Seit mehr als 200 Jahren fahren Menschen nun schon ans Meer, um sich zu erholen und zu vergnügen. Die Zivilisierung des Meeresufers durch die Badenden ist ein Produkt der westlichen Kultur und war zunächst dem Adel vorbehalten, auch als Akt der Abgrenzung, als Luxus einer Elite. Die Natur, Meer und Strand, genoss man mit Vorsicht, obgleich seine heilende Wirkung bekannt war. Ein Schluck Meerwasser, kurz eingetaucht, den Badekarren in sicherer Entfernung. Lange atmeten Adel und Oberklasse unbehelligt von anderen Bevölkerungsschichten die reine Seeluft. Dann erst reiste auch das gehobene Bürgertum an die beliebten Zufluchtsorte, um im Sommer den industrialisierten Metropolen zu entfliehen. Die Küste entwickelte sich zum perfekten Ort der gemeinen Freizeitbeschäftigung, die außerdem der Gesundheit des Körpers diente. Der Strand geriet von der Randzone der bürgerlich geordneten Welt, in der jedes Verhalten streng formalisiert war, ins Zentrum der Vergnügungen. Die Sommerfrische war erfunden. Dazu passte die Strandpromenade. Sie ermöglicht auf ebenem Weg barrierefreie Spaziergänge für alle Badegäste. Sie verläuft grundsätzlich parallel zum Meer und gilt als öffentlicher Platz. Solche demokratischen Prozesse des Strandlebens pervertierten die Nationalsozialisten: Prora bei Binz entstand, ein gigantomanisches Seebad der Zwanzigtausend, ein acht Kilometer langer Gebäudekomplex direkt am Strand, der auch den Strandurlaub gleichschaltete und ihn zum Massenvergnügen machen wollte. Das Ungetüm liegt noch heute am Strand und wird unter anderem als Jugendherberge genutzt, es gibt Apartment-Hotels und Eigentumswohnungen.

Die Sehnsucht nach Freizeit lockt Menschen in großen Scharen an den Strand. Zwei Drittel des Welttourismus konzentrieren sich auf die Küstenregionen – von Bali bis Borkum, von Key West bis Leba. Für die Zeit der Ferien wird der Strand zum Niemandsland, in dem andere Gesetze gelten. Er befindet sich außerhalb des alltäglichen Raums. Für den französischen Philosophen Jean Didier-Urbain war das die Metaphysik des Strandes.[III] Er ist ein durch und durch demokratischer Ort, der keine Hierarchien kennt. Am Strand hat jeder Badegast dieselben Rechte. Der Strand gehört allen. Hier ist frei, wer auftritt. Was natürlich nicht grundsätzlich stimmt. Auch Strand ist Eigentum. Und Eigentümer verwehren nicht selten anderen den Zugang zum Wasser. Andere Strände sind historisch und gehen als

Wendepunkte in die Geschichte ein wie die der Normandie am Ende des Zweiten Weltkriegs. Der Strand ist also auch politisch: Er steht – wie für Max Beckmann – für den Weg in die Freiheit. Er ist rettendes Ufer für Geflüchtete, die ihr Leben riskieren, um in Sicherheit leben zu können.

Der Strand ist also ein Transitraum, der erhoffte Übergang in eine bessere Welt. Der amerikanische Historiker Robert C. Ritchie schreibt in seiner Kulturgeschichte *The Lure of the Beach. A Global History:* »Am Strand kristallisiert sich so vieles von dem, was unser Leben die vergangenen Jahrhunderte bewegt hat. Demokratisierung, Liberalisierung der Sitten, die Entwicklung einer komplett neuen Industrie, unser Umgang mit unserer Freizeit.« Als der deutsche Bundestag 1963 das Bundesurlaubsgesetz verabschiedete, das seither den Mindestumfang des bezahlten Erholungsurlaubs für Arbeitnehmer regelt, avancierte mit Urlaubstagen und Urlaubsgeld der Strand qua Gesetz zum Ort der Erholung. Der Strand ist Gegenentwurf zum Alltag. Hier ist alles anders. Aber immer nur auf Zeit.

Am Strand ist viel Raum für Träume und Wünsche. Nichts verstellt den Blick, und der reicht weit – stets auf der Suche nach Licht, Wärme und Sinn, kurzum: nach dem guten Leben. Hegel hat die Zerrissenheit zwischen einer unbefriedigenden Gegenwart und einer ersehnten besseren Zukunft ein »unglückliches Bewusstsein« genannt. Der Mensch sei ein rastloser Wanderer, der mit den Begrenzungen der Gegenwart chronisch unzufrieden sei und sich ein Leben lang erhoffe, dass seine Unzufriedenheit in der Zukunft erlöst würde. Doch auch die »bessere Zukunft« enthält immer neue Einschränkungen, die wiederum

*Reflexionen der Elemente: Silbernes Meer vor dem Strand*

die Sehnsucht nach einer noch besseren Zukunft anstacheln. Denn was wirklich wird, muss nicht mehr ersehnt werden. An die Stelle einer erfüllten Sehnsucht tritt eine andere.

Strand und Meer sind perfekte Projektionsflächen für unsere Sehnsüchte, die die Maler in allen Epochen sichtbar machen. Der romantische Maler Caspar David Friedrich entdeckte früh die maritime Landschaft als Sehnsuchtsmotiv. Seine Gemälde zeigen den einsamen Wanderer oder den Mönch am Meer. In der Ferne scheint ein Horizont auf oder legt Nebel sich aufs Wasser. Was ersehnt wird, bleibt im Diffusen – sonst wäre es keine Sehnsucht.

In Dresden lebte in einer Hausgemeinschaft mit Caspar David Friedrich der norwegische Maler Johan Christian Dahl (1788–1857). In seiner Generation war er früh zu einer neuen Naturauffassung gelangt und begründete die moderne norwegische Landschaftsmalerei. Er sprach der »wilden Natur« Würde zu. Sein Bild *Schiffswrack an der Küste Finnmarks* von 1847 zeigt ein Schiff, das am Felsriff eines Fjords verunglückt ist. Die Seemänner haben sich in ein kleines Rettungsboot geflüchtet. Sie schaukeln auf dem brodelnden Meer. Von ihm geht Gefahr aus, das Ufer hingegen gibt Hoffnung, bleibt aber schwer erreichbar. Die Männer könnten an den Felsen zerschmettert werden. Francesco Petrarca hatte schon im 14. Jahrhundert, so wie später Jean-Jacques Rousseau (1712–1778), die Naturbetrachtung mit Gefühl aufgeladen. In der Landschaftsmalerei war das Meer nicht mehr Ort des Schreckens, sondern wurde zur Landschaft, die die Seele berührt und eine überwältigende Wirkung auf den Betrachter ausübt – und die Glut des Sehnens anfacht.

Sehnsüchte haben die Funktion zu entzünden, sie zeigen, was das Leben sein und in welche Richtung das eigene Leben gehen könnte. Sehnsucht ist ein imaginärer Raum, möbliert mit allerlei Hoffnungen. Sehnsucht hilft zu überleben. Sie hilft, die nicht perfekte Wirklichkeit leichter zu ertragen. Es wäre möglich, tönt ihr Mantra, und es tönt am Strand besonders laut. Sehnsucht ist die Chance, das eigene Ich zu erkunden – auch das liegt im Blick des Strandstehers, im Blick aufs Meer hinaus. Am Strand kann ich, wie Rilke sagt, bis an den Rand meiner Sehnsucht gehen. Nicht die sind zu bedauern, deren Sehnsüchte nicht in Erfüllung gehen, sondern diejenigen, die keine mehr haben. Der *deus absconditus*, die christliche Vorstellung von der prinzipiellen Unerkennbarkeit Gottes, habe am meisten zur Sehnsuchtsvorstellung beigetragen, sagt der Dichter Michael Krüger. Deshalb stehen wir im Sonnenuntergang am Strand und suchen am Horizont das Göttliche, den Sinn unserer Existenz.

# IX.

*Vor ein paar Jahren führte uns auf Sylt ein besonders schöner Weg irgendwo zwischen Kampen und List durch blühende Glockenheide.* Ein leuchtendes Meer aus Pink hatte sich vor der Dünenreihe breit gemacht in einer Senke, die mehr Feuchtigkeit hatte halten können als die sie umgebenden Dünen. Der feuchte Boden hatte die Glockenheide gedeihen lassen. Ihre Blüten verneigten sich vor der Erde, auf der sie wachsen. Die Blüten der Glockenheide sind hohl und schwingen im Wind zu fünft oder mit mehr einzelnen Blüten an einer Dolde. Wir waren von unseren Rädern gestiegen und hineingelaufen in das Blütenmeer und dann weiter ins Wassermeer an der Westseite der Insel. Weil man den Strand an dieser Stelle nur zu Fuß erreichen kann, ist er auch an schönen Sommertagen zuverlässig menschenleer und erinnerte uns an den ähnlich stillen Amrumer Kniepsand. Fast eilten wir über die weichen Sandwege, unsere Füße sanken bei jedem Schritt im Sand ein, und wir versuchten auf festeren Flecken besseren Tritt zu fassen, wo etwas Wurzelwerk von Krähenbeere und Kartoffelrose den Boden stabilisierte. Wir waren auf dem Weg zu einer gemeinsamen Veranstaltung im Lister *Erlebniszentrum Naturgewalten* und wollten vorher unbedingt noch im Meer schwimmen. Wir warfen die Kleidung in den Sand und uns in die Brandung.

Am Strand wird die Beziehung zwischen Mensch und Natur ausgelotet. Durch den wissenschaftlichen Fortschritt in der Zeit der Aufklärung gewannen die Menschen eine neue Haltung zur Natur. Man verstand die Vorgänge in der Natur besser, Angst wich einem aufgeklärten Wissen. Die Natur, die für Wildheit

*Am Strand kann man bis an den Rand der Sehnsucht gehen*

und Ursprünglichkeit stand, wurde anders bewertet. Ein neues bürgerliches Bewusstsein entstand, vor allem aber revolutionierte die Aufklärung die Naturwissenschaften. Geräte wie Teleskop und Mikroskop erschlossen völlig neue Wahrnehmungswelten. Eine davon liegt versteckt im Innern der Sandstrände: An der Kieler Förde begann in den ersten Jahrzehnten des 20. Jahrhunderts ihre Erforschung. Das mikroskopische Leben im freien Wasser war schon lange bekannt, als der Zoologe Adolf Remane Löcher in den Strand grub. Mit feinmaschigem Netz kescherte er aus dem sich im Loch sammelnden Wasser kleinste Tiere. Sie sind meist länglich und klein genug, um durch die engen Lücken zwischen den Sandkörnern zu krabbeln oder zu schwimmen oder sich zu schlängeln, ohne dabei auch nur ein Sandkorn beiseiteschieben zu müssen. Niemand zuvor erahnte ihre Existenz. Nicht nur, weil sie so klein, sondern auch, weil sie so schwer fassbar sind. Was sich dort an Tieren im Miniformat zeigte, erregte unter Zoologen Aufsehen.

Der Zweite Weltkrieg erzwang eine Pause bei der Erforschung der Sandlückenfauna, doch Mitte des 20. Jahrhunderts gab es an den Sylter Stränden einen Neustart.[4] Direkt hinterm Strand am Lister Fähranleger bot eine Steinbaracke dieser Forschung einen Raum. Vier bis fünf Studierende, zu denen zeitweise auch Karsten gehörte, fanden in einem Großlabor einen Fensterplatz, jeweils mit Binokular und Mikroskop. Hinter ihnen stand ein langer Tisch für Sandanalysen. Neben der Spüle stand ein Campingkocher und das Ende des langen Tisches wurde freigeräumt zum Essen und Feiern. Alle kamen von der Universität Göttingen für ein bis zwei Jahre hierher. Wenn ihr Professor Peter Ax Stippvisite machte, fragte er viel, gab Erfahrungen weiter und vor allem steckte er mit seiner Begeisterung für die zwergenhaften Tiere aus den Sandlücken an.

*Ein fünfzig Meter breiter Strandabschnitt wurde auserkoren, erinnert sich Karsten.* Der reichte von der Springtidenhochwasserlinie über den meist leicht gewölbten Strandhang bis zur Brandungskehle, die »Strandknick« hieß. Das waren die ersten dreißig Meter. Danach erstreckte sich über zwölf Meter ein leicht abfallendes Strandplateau. Das ging über in ein gerippeltes Sandwatt. Nach rund neunzig Metern war die Niedrigwasserlinie auf unterem Springtidenniveau erreicht. Der Höhenunterschied zur Hochwasserlinie betrug fast zwei Meter, wobei die Brandungskehle auf halber Höhe lag.

Wir Studierenden spezialisierten uns auf jeweils eine überschaubare Tiergruppe. Auf ganzer Strandlänge wurden definierte Sandvolumen ausgestochen und ins Labor gebracht. Im oberen Strand war der Aufwand am größten. In Meterabständen wurden Gruben mit einer senkrechten Sandwand ausgehoben. Alle zehn Zentimeter wurde feuchter Sand bis hinab auf einen Meter zum Grundwasserspiegel entnommen. Darunter war der

*Nur wo der Sand locker liegt, rippeln Wellen den Sand*

Sand halbflüssig. Ein Rohr, das nachher im Labor aufgeklappt werden konnte, lieferte dann noch aus vierzig weiteren Zentimetern Sandproben. Im Sandwatt genügten dagegen schon zehn bis zwanzig Zentimeter. Dort hatte der Sand schon dicht unter der Oberfläche zu wenig Sauerstoff für die kleinen Sandbewohner.

Nervig konnte es werden, wenn das tiefe Graben neugierige Strandbesucher anzog. Kamen die zu dicht an eine der Gruben, womöglich noch mit interessiertem Hund, brach die senkrechte Sandwand ein, noch bevor alle Sandproben genommen waren. Die Erläuterung zur freundlich gestellten Frage zum Grabungsgrund fiel dann recht knapp aus, manchmal blieb es bei einem einzigen, nicht zitierbaren Wort.

*Wechselndes Wellenspiel hat im Strandsand chaotische Rippelmuster hinterlassen*

Analysiert wurden Korngrößen, Feuchte, Temperatur und Salzgehalt von oben bis unten im Strand, aber das Hauptinteresse galt den winzigen Sandlückenbewohnern. Freiwillig verließen die ihre Sandlücken nie. Es bedurfte einer List. In senkrecht stehende Röhren, die unten mit feinmaschiger Gaze verschlossen waren, wurden die Sandproben geschüttet und darüber gefrorenes Seewassereis in Würfelform gegeben. Darunter standen genau zu den Röhren passende, randvoll mit Seewasser gefüllte Glasschälchen, und die wiederum in größeren Glasschalen für den Überlauf. Das Schmelzwasser trieb die Sandlückenfauna aus dem Sand durch die Gaze in die Glasschale darunter. Dort krochen, krabbelten und schwammen sie nun weitgehend ohne Sand und daher gut sichtbar herum. Sie wurden zunächst bei zehn- bis fünfzigfacher Vergrößerung unterm Binokular inspiziert.

Die Spezialisten nahmen dann eine Pipette zum Aufsaugen der Tierchen ihrer Zielgruppe. Jedes wurde mit einem Wassertropfen auf eine Glasplatte lanciert. Das erforderte viel Übung und ging leicht mal schief. Bei starker Strömung heften sich die Kleinen an die Sandkörner, aber leider auch in der Pipette fest. Dafür setzen sie ein Zweidrüsensystem ein. Die eine Drüse bildet Klebstoff und die andere das Lösungsmittel. Bis sie letzteres auch in der Pipette einzusetzen bereit waren, bedurfte es sehr viel Geduld.

War endlich das Tierchen auf dem Glasplättchen gelandet, mussten oft noch mitgesaugte Sandkörner mit spitzen Nadeln entfernt werden. Danach kam der schwierigste Akt. Für die mikroskopische Analyse bedurfte es noch eines hauchdünnen Deckgläschens, das vorsichtig auf den Wassertropfen gelegt werden musste. Um sicher zu gehen, dass das Tierchen dabei nicht zerquetscht wurde, erhielt das Deckgläschen vorher an den Ecken winzige Füßchen aus Knetmasse. Kugelten sich die Tiere ein oder schwammen sie zu schnell hin und her, wurde mit Saugpapier die Wassermenge unterm Deckglas verringert und die Knetmasse mit viel Fingerspitzengefühl sanft angedrückt. Äußerste Vorsicht war dabei geboten. Litt das Tierchen zu sehr, musste schnell wieder Seewasser zugeführt werden. Eine heikle Prozedur am lebenden Wesen.

Das Fotografieren und Zeichnen der Körperstrukturen musste schnell gehen, denn ewig hielt kein Sandlückenbewohner es unterm Mikroskop aus. Besonders bei den Weichhäutigen waren die Beobachtungen am lebenden Tier unersetzlich. War das Tier schon bekannt, genügte ein kundiger Blick. Wenn nicht, waren alle Details von Bedeutung und tausendfache Vergrößerung notwendig, um alle Körperstrukturen zu erkennen. Weitere Individuen derselben Art wurden gebraucht, um alles zu erfassen.

Das Ergebnis von gut zwanzig Jahren fein orchestrierter Forschung in den Sandlücken vom Lister Strand war die Summe von 652 Arten zwischen Hoch- und Niedrigwasserlinie. Später wurden noch diverse Mikroalgen ergänzt und die Gesamtzahl auf über 800 Arten geschätzt. Diese Vielfalt stand im Gegensatz zu einer recht artenarmen Gesellschaft größerer, im Sand grabender Strandbewohner. Warum so viele kleine? Das sind mehr als doppelt so viele wie es Vogelarten in ganz Deutschland gibt und das in nur einem fünfzig Meter breiten Strandabschnitt.

Einige sind extrem schlank und dafür gleich mehrere Millimeter lang, können sich aber zusammenknäueln oder spiralig aufrollen. Andere sind gedrungen, platt oder rund, und dann meist kürzer als ein Millimeter. Das Leben unter den beengten Verhältnissen in den Sandlücken setzt der Formgebung Grenzen und führt zu äußeren Ähnlichkeiten bei ansonsten grundverschiedenen Organismen. Die allermeisten sind mehr oder weniger wurmförmig, gelten in der Zoologie aber nicht alle als Würmer, sondern gehören eigenständigen Tiergruppen an.

Viele stark verzwergte Krebstiere mit hartem Panzer bewohnen die Sandlücken im Strand. Wieder andere haben acht Beine, die entweder in Krallen oder in Saugnäpfchen enden. Das sind nur 0,2 Millimeter kurze, putzig aussehende Bärtierchen. Noch wieder andere können ihre Körperform verändern und den jeweiligen Sandlücken anpassen. Neben Milben kommen auch Rädertierchen vor. Sie tragen vorne einen meist radförmigen Wimpernkranz, den sie ein- und ausstülpen können. Vielleicht am eigenartigsten ist eine schirmlose Zwergmeduse, die wie ein Miniaturkrake aussieht: sackförmiger Körper mit einem Dutzend Tentakeln. Mitgezählt zur Sandlückenfauna werden auch Einzeller. Unter den Verwandten der bewimperten Pantoffeltierchen sind auch welche, die kleinere Vielzeller fressen.

Einige haben keinerlei Verwandtschaft außerhalb des Meeressandes und unter den größeren Tieren. Ihre Evolution begann und blieb im Lückengefüge vom Sand. Andere stammen von größeren Meerestieren ab. Deren frühe Jugendstadien wuchsen wegen der beengten Verhältnisse im Sand nicht mehr weiter, aber wurden trotzdem geschlechtsreif. Andere waren von vornherein klein und wechselten nur vom frei treibenden Planktonleben in die Nischenräume zwischen den Sandkörnern. Dabei wurden sie schlanker und verloren ihre ausladenden Schwebevorrichtungen. Noch wieder andere haben Verwandtschaft in den Böden an Land und im Süßwasser. Offenbar führten viele Wege ins kleinräumige Innere der Meeresstrände.

Wellen pressen Meerwasser in den Strand und der wirkt wie ein Filter für alles, was im Wasser schwebt. Im Gegensatz zum Kaffeefilter bleiben die Poren des Sandfilters aber offen und verstopfen nicht. Dafür sorgt das vielfältige Leben zwischen den Sandkörnern. Die Allerkleinsten sind Bakterien und zu den Pilzen zählende Wesen, die sich über das Filtrat hermachen und sich davon ernähren. Von ihnen und einigen Mikroalgen lebt die Sandlückenfauna. Erstaunlich hoch ist unter ihnen die Zahl der Arten, die räuberisch leben. Darunter sind sogar noch welche, die wiederum diesen Räubern auflauern oder ihnen nachjagen. Aber auch die bleiben der Kleinheit ihres besonderen Lebensraums verpflichtet.

Dagegen gibt es unter den größeren Strandbewohnern und Strandgästen kaum welche, die in der Lage sind, die Kleinstwesen im Sandlückengefüge zu fressen. Wer mit großem Maul zupackt, hat außer Sand nicht viel erwischt. Das lohnt sich nicht. Die kleinen, schnell beweglichen Tiere aus dem Sand einzeln herauszulesen, scheint zu mühsam, um davon satt werden zu können. Mit anderen Worten, Strände werden von den Wellen mit Nahrung aus dem Meer vollgestopft, die wird im Strand verwertet, aber nach außen geben die Strände nicht viel her. Die Bewohner der Sandlücken bleiben unter sich und pflegen keinen Kontakt zur Welt der Großen. Aber erklärt das ihre Artenfülle?

Für das Leben im Lückensystem der Strände hängt viel von der Sandkorngröße ab. Die einzelnen Tierarten sind sehr wählerisch. Steingeröll ist absolut lebensfeindlich. Zwar bieten die Zwischenräume dort viel Platz, aber wo die Wellen Steine gegeneinanderschlagen, schützt auch die dickste Haut nicht. Erst wo Stein zu Sand zerkleinert ist, beginnt Wasser den Zusammenstoß der Teilchen abzufedern. Im feuchten Sand umgibt ein Film von Wasser jedes Sandkorn. Dann werden selbst weichhäutige

Wesen trotz starker Brandung nicht geschreddert. Ungünstig wird es erst wieder, wenn die Sandkörnchen sehr fein und so eng gepackt sind, dass kein Durchkommen mehr möglich ist. Solche Feinsande reichern dann auch Schwebteilchen an, Wasser strömt nicht mehr frei durch die zu engen Lücken und Bakterien verbrauchen sämtlichen Sauerstoff. Am besten funktioniert der Strandfilter als lebendes Recyclingsystem bei mittleren Sandkorngrößen, wie sie für die Sylter Strände kennzeichnend sind.

So wie sich Strände und einzelne Strandpartien in der Zusammensetzung der Sandkorngrößen unterscheiden, gibt es auch kleinräumige Unterschiede im Feuchtegrad und im Salzgehalt. Wo viel verdunstet, nimmt der Salzgehalt zu, bis Regen das Salz wieder auswäscht. In tieferen Strandschichten sickert von den nahen Dünen süßes Grundwasser ein. Im Vergleich zum Meer, ist der Winterstrand kälter und der Sommerstrand wärmer. In der Tiefe des Strandes aber bleibt die Temperatur ziemlich gleich. Tatsächlich bietet so ein Strand eine breite Palette unterschiedlicher Kleinräume, je nach den physikalischen und chemischen Rahmenbedingungen. Bei ausgeprägten Gezeiten kommt in Kombination mit dem Tagesverlauf noch eine Dynamik hinzu, die vielen Sandlückenbewohnern hohe Mobilität abverlangt, wollen sie Unerträgliches vermeiden und im Optimum bleiben. Diese Komplexität der Lebensverhältnisse im Sandlückengefüge ermöglicht vielen Arten gleichzeitig ein Neben- und Miteinander im Meeresstrand.

Hinzu kommt noch eine Besonderheit, die mit dem Kleinsein zu tun hat. Die Sandlückenbewohner verbringen ihr ganzes Leben innerhalb der Strände. Sie haben keine Larven im Plankton, so wie viele der größeren, im Sand grabenden Strandbewohner. Sie sind zu klein, um eine große Zahl an Nachkommen erzeugen zu können. Viele Arten legen nur wenige Eier und dies auch nur ein oder zweimal im Jahr. Einer schnellen Ausbreitung und Vermehrung sind dadurch Grenzen gesetzt. Dennoch scheinen viele Arten weit herumzukommen. Vielleicht konnten sie sich

*Grober Quarzsand liegt über feinkörnigem Strandsand*

an Treibgut heften. Es stellte sich aber heraus, dass eine früher vermutete, kosmopolitische Verbreitung einiger Arten ein Irrtum war. Molekulargenetische Analysen ergaben in solchen Fällen einen Komplex mehrerer Arten von gleichem Aussehen.

Weil Strände höchst veränderlich und für Meeresorganismen ein grenzwertiger Lebensraum sind, ließe das eigentlich eine geringe Artenzahl erwarten. Aber es gibt Strände schon seit Beginn der Evolution mit mehrzelligen Meerestieren. Wer es erst einmal geschafft hat, sich an eine Existenz in den Sandlücken der Meeresstrände anzupassen, kann als Art sehr lange darin bestehen. Weil der Strand fortwährend in Bewegung ist, werden Konkurrenten selten verdrängt. Ehe es zu einem Ausschluss Unterlegener kommt, sind die ökologischen Karten im Strand schon wieder neu gemischt und die Vorteile anders verteilt. Nicht Stabilität, sondern Wandel erlaubt das Zusammenleben von so vielen Arten auf kleinstem Raum.

Ginge es allein um das Funktionelle, würden weitaus weniger Arten reichen, um einen Strand sauber zu halten. Doch so funktioniert es nicht in der Natur. Den Einzelnen geht es nicht um das große Ganze. Die hohe Artenzahl ist das Produkt individueller Spezialisierungen innerhalb regionaler und lokaler Verhältnisse. Strände entstehen, wandern und vergehen. Deren Besiedlung bei langsamer Ausbreitung durch die Sandlückenbewohner braucht viel Zeit. Daher ist die Artenzusammensetzung auch bei nah beieinanderliegenden Stränden niemals gleich und lässt Nischen frei für neues Leben. Und das passierte über viel längere Zeiträume als solchen, in denen andere Tiergruppen wie Trilobiten, Ammoniten oder Saurier entstanden und dann wieder ausstarben.

Offen muss bleiben, ob jemals alle Arten der Sandlückenbewohner in den Meeresstränden von uns entdeckt und beschrieben werden können. Experten für diese Tiergruppen sind rar. Der Mensch ist noch weit davon entfernt, den Wert von vielen Arten zu begreifen. Die Laborbaracke, in der einst über die Sandlückenbewohner im Lister Strand geforscht wurde, ist inzwischen abgerissen und genormten Apartments für Inselgäste gewichen.

Ob sich wohl jemals wieder so ein konzertiertes Programm zur Erforschung dieser Sandlückenfauna auf Sylt wiederholen lässt, um zu sehen, was sich darin mit der Zeit verändert hat? Bisher ist jedenfalls noch kein anderer Strand mit so viel Akribie untersucht worden wie der neben dem Sylter Fähranleger.

## X.

Als Naturraum in einem dynamischen Wirkungsgefüge lotet der Strand seine Bedingungen immer wieder neu aus. Dynamisch heißt, der Raum verändert sich unaufhörlich, weil er verschiedenen, auch widersprüchlichen Kräften ausgesetzt ist. Während Vorstrand und feuchter Strandhang noch klar mit zum Meer gehören, leitet der obere und meist trockene Strand bereits über zum Land. Derselbe Wind, der eben noch die Wellen anschob, bringt trockenen Sand ins Rollen und bei zunehmender Windstärke auch zum Fliegen. Nur wenn Sturm sie dazu treibt, überspülen Wellen auch diesen Strandbereich. Das Land versucht mit seinen Pionierpflanzen zumindest saisonal hier schon mal Besitz zu ergreifen. Der obere Strand bleibt aber umstrittenes Territorium. Mobile Meeres- und Landtiere scheren sich wenig darum. Für sie ist es schlicht ein Mischgebiet.

In den Rossbreiten wirbeln mitunter Wüstenstürme viel Sand und Staub auf, der über den Strand bis ins Meer gelangt. Bei feuchtem Küstenklima stammt dagegen der Strandsand ganz überwiegend vom Meer. Muschelschalen und Algenreste zeigen an, bis wohin zuletzt die Wellen reichten. Liegen allerdings Steine am Strand, sind sie zumeist Reste von einem Land, das im Meer versank. Uns ist oft nicht klar, dass auch der Dünensand eher eine Leihgabe des Meeres ist als sein Geschenk. Wer sein Haus auf einer Düne hat, sollte darum das Meer niemals reizen.

Die oberen, trockenen Strandbereiche gerieten oft ganz in den Besitz strandliebender Menschen, wurden überbaut und mit Barrikaden gegen das nun zum Feind erklärte Meer verteidigt. Ein aufreibender Stellungskrieg nahm seinen Lauf. Die Ziele von Küsten- und Naturschutz geraten am oberen Strand oft gegeneinander. Der obere Strand ist ein einzigartiger Lebensraum mit einer faszinierenden Durchmischung von Pflanzen- und Tierarten, die dem Meer und dem Landleben entstammen. An dicht besiedelten Küsten mit stürmischen Angriffen vom Meer ist es nicht leicht, auch der Strandnatur noch ihren Raum zu lassen.

Im Osten der Insel Spiekeroog ist das anders. Vor dreihundert Jahren entstand dort eine platte Sandbank, die Ostplate, getrennt vom besiedelten Teil der Insel durch eine Senke, plattdeutsch Leegde. Bei Sturm brausen durch die Leegde die vom Nordstrand kommenden Wellen durch bis zur Wattseite. Die Ostplate ist schon längst keine platte Sandbank mehr. Seit gut siebzig Jahren sind ihr nach und nach hohe Dünen gewachsen – sehr zur Freude der Möwen, die in diesen Dünen brüten.

*Karsten hat Leegde und Ostplate oft besucht.* Ausgangspunkt war immer das Nationalparkhaus Wittbülten und das daran angegliederte Labor für Küstenforschung der Universität Oldenburg. Beide bilden zusammen mit der Hermann-Lietz-Schule, einem reformpädagogisch orientierten Internat, eine sich wechsel-

*Kräftiger Wind weht hellen Flugsand über den dunklen Strand bis hinein in die Dünen*

seitig helfende Einheit. Sie liegt etwas abseits im Südosten von Spiekeroog. Mich interessierten besonders die auf der Ostplate entstehenden Dünen. In der feuchten Leegde gibt es die nicht. Dort wachsen dicht stehende Salzwiesenpflanzen, zwischen denen sich bei Überflutung Schwebstoffe verfangen und den Boden aufschlicken.

Die zur Dünenbildung beitragenden Strandpflanzen wachsen auf Sand im oberen Bereich der Ostplate. Die wollen mit Überflutung nichts zu tun haben. Sie spielen stattdessen mit dem Wind und stehen gewissermaßen im Tor. Der Wind bewirft sie mit Flugsand und die Strandpflanzen versuchen, ihn zu halten. In ihrem Windschatten kommt der flüchtige Sand zur Ruhe und

*Flugsand hat sich im Windschatten von Gräsern zu Dünenfahnen angehäuft*

häuft sich an. Bei manchen Pflanzen führt das zu nichts, weil sie im Herbst absterben und der Sand dann weiterfliegt. Ausdauernde Strandpflanzen machen dagegen den oberen Meeresstrand behutsam mit dem Landleben vertraut.

Der Meister aller Dünenbildung ist ein Strandgras. Durch Ableger wächst es sowohl in die Breite als auch gut in die Höhe, wenn sich bei ihm der Sand angehäuft hat. Dieses Strandgras wird auch Binsenquecke *(Elytrigia juncea* oder *Elymus farctus)* genannt. Wenn es kräftig geweht hat und viel trockener Sand über den Strand geflogen ist, bleibt viel davon zwischen den Grashalmen liegen. Die dem Wind zugekehrte Seite des Sandhaufens ist steiler als der lange Sandschwanz in Lee. Ebnen die Wellen bei sehr hoher Flut alles wieder ein, verharrt das Strandgras in seinem unterirdischen Rhizom und sprosst neu aus, sowie sich im Sommer die Lage wieder beruhigt hat.

*Auf Spiekeroog konnte Karsten bei Sturm aus Südwest den am Strand fliegenden Sand bestaunen.* Ich sah, wie der helle Sand ganz flach über den graufeuchten Strand flog und weiße, sichel- bis zickzackförmige Streifen bildete. Die waren höchstens ein paar Zentimeter hoch. Nur der Wind formte ihre Gestalt, mit flach ansteigendem Hang zum Wind (Luv) und steilerem Hang auf der dem Wind abgewandten Seite (Lee). Also genau andersrum als beim Strandgras. Sicheln entstehen, weil der sandreiche Mittelteil langsamer vom Wind verschoben wird als die sandärmeren Seiten. In Wüsten können solche Barchane riesengroß werden, aber am Strand sind sie immer nur vorübergehende, flache Erscheinungen. Schon das nächste Hochwasser, bei Springflut und rauer See, ebnet alles wieder ein. Das passiert den Barchanen in der Wüste natürlich nicht. Außerdem verlieren die Strandbarchane bei zunehmendem Wind viel vom oberen Sand. Der fliegt weiter bis zu den grasbewachsenen Dünen. Erst da wird er dauerhaft eingefangen.

Dünen fallen also nicht vom Himmel, sie bilden sich nicht zufällig. Der vom Wind herangewehte Flugsand ist unverzichtbar, und ohne Pflanzenwuchs wird daraus keine meterhohe Düne. Die vom Strandgras geborenen Jungdünen verteilen sich locker über den oberen Strand und sind nur selten höher als ein Meter. Dennoch bildet sich durch den vielen Küstenregen unter den kleinen Sandhaufen eine noch etwas brackige Süßwasserlinse. Das salztolerante Strandgras profitiert davon kaum, aber nun kann der Halm (auch Strandhafer oder *Ammophila arenaria* genannt) auskeimen und Wurzeln schlagen. Der ist weniger salztolerant, aber wächst viel dichter und höher. Er gewinnt schnell die Oberhand und verdrängt das Strandgras von den jungen Dünen. Ein schlechter Dank für dessen Vorarbeit. Von nun an fängt der Bewuchs mehr Sand ein und die Düne wächst kräftig in die Höhe. Wenn möglich, fusioniert sie auch mit benachbarten Dünenkindern. Schließlich gehen daraus bis über zehn Meter hohe Dünenwälle auf der Ostplate hervor.

Der Halm ist eine europäische Pflanze und erweckte auf anderen Kontinenten Neid wegen seiner Spitzenleistung bei der Dünenbildung. Unter anderem wurde er in Kalifornien auf den dort flachen Dünenkuppen angepflanzt. Binnen kurzem veränderte er die Strandlandschaft. Die Dünen wuchsen in rasantem Tempo. Das sah beeindruckend aus, aber nun blieben dort die beliebten Offroad-Vehikel im lockeren Sand stecken. Dünen hin oder her, das ging zu weit. Das neue Gras sollte wieder weg. Wer heute in Kalifornien bei zu schnellem Fahren im Straßenverkehr erwischt wird, muss damit rechnen, zur Strafe an den Wochenenden europäischen Halm ausreißen zu müssen. Auf Sylt würde solch ein Tun als Dünenfrevel geahndet.

Die Ostplate von Spiekeroog steht seit den 1970er Jahren unter Naturschutz und gehört inzwischen zum Nationalpark Wattenmeer. Am oberen Strand wachsen genug junge Dünen nach, aus denen in den nächsten Jahrzehnten weitere, neue Dünenwälle entstehen könnten. Das ist nicht nur gut für Möwen, die brüten wollen. Auch Brand- und Eiderenten gefällt es hier und ebenso Löfflern, Brachvögeln und sogar Sumpfohreulen.

Wo die Jungdünen noch locker verteilt sind, nisten Sandregenpfeifer und Zwergseeschwalben. Der obere Strand ist hier ein wahres Vogelparadies.

Andere Tierarten haben Jäger auf Spiekeroog ausgesetzt: Fasane, Hasen und Rehe – um sie danach zu schießen. Einst auch Kaninchen. In ihnen aber sah man bald eine Gefahr für die Dünenstabilität, die sie mit ihrem Buddeln unterminierten. Im Jahr 1880 gelang es, die Kaninchen wieder zu eliminieren. Die Nahrungswahl von Kaninchen hat großen Einfluss auf die Dünenvegetation. Die vielen wunderschönen Stranddisteln auf der Ostplate würden es schwer haben, wenn noch Kaninchen auf Spiekeroog wären. Nicht die mit Wachs überzogenen, stacheligen Altpflanzenblätter, aber die noch weichen, saftigen Jungpflanzen verzehren sie gern.

Der Nordstrand von Spiekeroog erlangte in einer Sturmflut am 6. November 1854 traurige Berühmtheit. Ein Auswandererschiff von Bremerhaven mit Kurs auf Nordamerika, die Bark *Johanne* mit über zweihundert Passagieren an Bord, strandete und kenterte in der tobenden Brandung des weiten Vorstrandes von Spiekeroog. Fast achtzig Menschen ertranken. Dieses Unglück war Anlass, einen Verein zur Rettung Schiffbrüchiger zu gründen. Auf allen Inseln wurden Rettungsboote durch Spenden bereitgestellt, um in Zukunft besser helfen zu können. Die daraus hervorgegangene Deutsche Gesellschaft zur Rettung Schiffbrüchiger (DGzRS) ist bis heute aktiv.

Die Ostplate von Spiekeroog zeigt das natürliche Potential dissipativer, also sich in ihrem oberen, trockenen Bereich wenig verändernde Strände. Der ist besonders sensibel gegen Vertritt und der an Badestränden üblich gewordenen Möblierung. Auf manchen der oberen Strandbereiche gebären im Winter Kegelrobben ihre Jungen. Dort wurden sie im Mittelalter erschlagen, und die Art verschwand aus dem Wattenmeer. Seit sie nicht mehr gejagt werden, sind Kegelrobben von der englischen Küste her wieder eingewandert.

In wärmeren Regionen brauchen Meeresschildkröten ungestörte, obere Strandbereiche. Sie legen dort ihre Eier in selbst geschaufelte Gruben und lassen sie dort von der Sonne ausbrüten. Für ein Miteinander von Natur und Mensch am Strand gilt es, ausreichend Abstand zu wahren. Das gebietet in Zukunft ohnehin auch das durch das aufgeheizte Klima beschleunigt ansteigende Meer.

## XI.

Muscheln sind die Briefe vom Meeresgrund an den benachbarten Strand. Kaum jemand kann sich der reichen Formen-, Farben- und Mustersprache dieser muscheligen Wellenpost entziehen.[5] Hauchzarte, fast durchsichtige Gebilde liegen neben dickschaligem Schwergewicht. Die Namen der Muscheln drücken oft Ähnlichkeiten aus: Nuss-, Erbsen-, Bohnen-, Linsen- und Dattelmuscheln gleichen Früchten; Schnabel-, Scheiden-, Herz- und Zungenmuscheln gleichen Körperteilen; Trog-, Teppich-, Sattel-, Kamm-, Löffel-, Spatel-, Keulen-, Schwert- und Feilenmuscheln erinnern an allerlei Gerät; außerdem gibt es noch Mond- und Venusmuscheln, Sägezähnchen und Strahlenkörbchen, Gemeine und Fragile Felsenbohrer, Platt-, Rund, Klaff- und Kugelmuscheln, Samt-, Sand- und Miesmuscheln und so weiter und so fort. Auch Entenmuscheln gibt es, aber das sind als Muscheln getarnte Krebse.

Rund achttausend Arten sind aus dem Meer bekannt. Die Tiefseemuscheln landen nie am Strand, aber das sind ohnehin nicht viele. Die meisten Muscheln leben im Flachen. Das hat mit ihrer Ernährung zu tun. Sie können etwas, was uns Menschen stets misslingt und zum Husten bringt: atmen und essen in einem Zug. Ihre Kiemen sind so gebaut, dass sie dem Wasserstrom nicht nur Sauerstoff entziehen, sondern auch ihre Nahrung abgreifen. Sie ernähren sich von den kleinsten, im Wasser schwebenden Wesen, die sich im feinen Gitternetz ihrer Kiemen verfangen. Von dort gelangen sie über Schleimbahnen und mit Hilfe von Mundlappen vorsortiert zum Muschelschlund. Damit ist schon das Wichtigste gesagt, was Muscheln sind. Sie reinigen den Weltozean.

Ähnlich bemerkenswert ist ihr zweiklappiger Schutz aus Kalkschalen. Ein die Muschel umhüllendes Mantelgewebe bildet in speziellen Zellen Kalkkristalle, die mit Conchin – eine Art Zement aus Protein und Chitin – zu hoher Festigkeit miteinander verkittet werden. Die daraus entstehenden zwei Schalen werden nach festgelegtem Programm mit Stuck ornamentiert und mit Farbpigmenten gemustert. An den Rändern wachsen die Schalen ein ganzes Muschelleben lang weiter.

Ähnlich wie bei einem Türschloss greifen die zwei Schalenklappen auf dem Muschelrücken ineinander und sind außerdem mit einem elastischen Scharnier verbunden. Zwei kräftige Muskeln können die Klappen blitzschnell schließen. Dann ist ihr Innenleben sicher eingekapselt und von der Außenwelt abgeschirmt. Erst wenn ihre Sensoren Entwarnung geben und der Drang zu atmen oder der Hunger siegt, öffnet die Muschel vorsichtig einen Spalt. Durch den streckt sie zwei Siphone für den Einstrom und für den Ausstrom vom Wasser. Viele schieben einen muskulösen Fuß zum Eingraben und Verankern nach unten in den Meeresgrund. Ihre filigranen Filterkiemen bleiben geschützt im Innenraum.

Muscheln haben keinen Kopf. Dennoch sind sie ein evolutives Erfolgsmodell. Im Verlauf ihrer 500 Millionen Jahre sind sie damit sehr gut gefahren. Während viele Tiergruppen in ihrem Milieu die großen globalen Klimakrisen unseres Planeten nicht überlebten oder herbe Einbrüche erlitten, nahm die Vielfalt der Muscheln bis heute stetig zu. Was macht sie so lebenstüchtig?

Ein Beispiel schönster Formvollendung findet sich an den Stränden Westafrikas, wo die Sahara bis zum Atlantik reicht. Archenmuscheln können bis auf Faustgröße heranwachsen, sind stark gerippt und ähneln den vertrauten Herzmuscheln am Nordsee- und Ostseestrand. Die Schale ist so dick, dass alle Krebse an ihr scheitern. Höchstens einige Rochen können diese stabile Verpackung knacken. Doch ein Vogel kennt einen Trick. Wenn im seichten Wasser die Muschel zum Atmen und Filtrieren einen Spalt breit geöffnet ist, sticht der Austernfischer mit seinem langen, messerscharfen roten Schnabel blitzschnell zu und durchtrennt dabei beide Schließmuskeln. Das ist heikel. Trifft er nicht genau, schließt die Muschel und gibt den Schnabel nicht mehr frei. Vielleicht erklärt dies, warum die meisten

Austernfischer lieber in Europa bleiben, um dort die kleineren Herz- und Miesmuscheln aufzupicken.

Hat eine noch kleine Archenmuschel ihre gefahrenreiche Jugendzeit überlebt, liegt sie unbekümmert im Watt und kann bis zu dreißig Jahre alt werden. Daher ihre Fachbezeichnung *Senilia senilis*. Doch mit dem Menschen konnte ihre Evolution nicht rechnen. Oberhalb vom Strand sah ich in Mauretanien überall große Muschelhaufen liegen, die Reste früherer Muschelfeste, die bis zu 5000 Jahre zurückliegen könnten. Heutige Mauretanier essen keine Muscheln. Das verbieten islamische Sitten. Doch die Muschelhaufen finden Verwendung im Straßenbau oder beim Brennen von Kalk für weiße Hauswände. Im christlichen Süden Westafrikas werden die Archenmuscheln weiterhin gegessen. Das leicht verderbliche Fleisch gelangt getrocknet als *Bloody Cockle* in den Handel. Dieser Name kommt vom Hämoglobin in ihrem Blut, das bei anderen Muscheln meist farblos ist.

*Karsten verlor schon früh sein Herz an Muscheln.* Zusammen mit meinem Freund Charly fuhr ich als Jugendlicher per Anhalter die norwegische Küste entlang, um Muscheln zu finden, die es an Nordsee- und Ostseestränden nicht gab. Der Erfolg war bescheiden, denn Strände sind an dieser steilen Fjordküste rar. Nur in Bodø hoch im Norden hatten wir Erfolg. Eine Baustelle bot uns dort Regenschutz und davor war ein mächtiger Sandhaufen aufgeschüttet. In dem fanden wir lauter Muscheln, die wir noch nicht kannten, denn den Sand hatte ein Saugbagger vom Meeresgrund geholt. Für uns war das eine großartige Muschelbescherung.

Anders als ich, der nie lange bei einer Sache blieb, hat Charly mit dem Muschelsammeln nie aufgehört. Er war lange als Lehrer in Afrika und ließ keine Gelegenheit aus, nach weiteren Muschelarten zu suchen und macht dies, heute im Ruhestand, weltweit immer noch. Seine Sammlung umfasst über dreitausend Arten. Trotz aller Suche reicht ein Leben aber nicht, um alle achttausend zu finden. Nach Verwandtschaft geordnet, liegt sein Schatz in extra dafür gebautem Schrank mit flachen Schubladen, in jeder über hundert Muscheln. In seiner Wohnung in Kiel ist nur Platz für diese Muscheln, befand seine Frau Brigitte. Die ebenfalls gesammelten Schneckenhäuser lagern im Haus in der Provence.

Charlys liebster Muschelstrand liegt im Nordwesten Australiens, dem *Eighty Mile Beach,* rund hundert Meter breit und 220 Kilometer lang. Er enthält nur wenig Sand, aber dafür Krümel aus Karbonat, dem Kalk zerbrochener Muscheln, Seeigelstacheln, Kalkalgen und winzige Foraminiferen, gehäusetragende Einzeller. Vor dem Strand fällt bei Ebbe ein Wattboden frei. Nicht nur fürs Muschelsammeln ist der 80-Meilen-Strand ein Eldorado. Hier endet auch der ostasiatische Zugweg von 400.000 Watvögeln, die in der sibirischen Arktis brüten. Offenbar lohnt der weite Weg für die Knutts und Pfuhlschnepfen, Sichel- und Rotkehlstrandläufer und viele andere mehr. Die Knutts kommen der Muscheln wegen. Sie selbst sind etwa amselgroß und die Muscheln, die sie schlucken und im Kaumagen zerbröseln, haben meist nicht mehr als einen Zentimeter. Sie verdoppeln im australischen Sommer ihr Fluggewicht, bevor sie wieder nach Sibirien fliegen.[6] Im Sommer schleppen sich auch Meeresschildkröten *(Natator depressus)* auf diesen Strand. Sie verbuddeln dort ihre Eier, um sie von der Sonne ausbrüten zu lassen. Alle zwei bis drei Jahre legt das Weibchen rund fünfzig Eier in den Sand. An Muscheln ist der Strand hier so ergiebig, weil das Meer davor über weite Strecken äußerst flach geblieben ist. Das begrüßen die Muscheln, denn im Flachen gerät mehr Plankton in ihre Kiemenfilter als in den lichtlosen Tiefen des Meeres. Was dort unten für sie an Nahrung ankommt, ist wesentlich weniger.

*Herzmuschelschalen zwischen Rippeln am Strand*

Die andere Ursache für die vielen Muscheln an diesem Strand sind die episodischen Tropenstürme. Deren Wellen haben tiefe Grundberührung und wirbeln dabei Muscheln von weit her zum Strand.

Südlich vom 80-Meilen-Strand reicht die *Shark Bay* weit ins Binnenland. Dort sah ich einen Strand ganz ohne Sand und nur aus Herzmuschelschalen. Die Art wird *Heart cockle (Fragum erugatum)* genannt, ist meist nur einen Zentimeter groß und besiedelt dicht an dicht den flachen Boden der Lagune.[7] Auf ihrem Mantelrand präsentiert sie dem Sonnenlicht zur Photosynthese symbiontische Kleinalgen, ganz ähnlich, wie es auch Korallen tun. Die Muschel erhält dafür Algenglukose und versorgt im Gegenzug die Symbionten mit Nährsalzen aus dem Filtrat ihrer Kiemen.

Am Nordseestrand werden die Herzmuscheln der Art *Cerastoderma edule* am häufigsten angespült. Sie leben unmittelbar unter der Bodenoberfläche im Watt und auch im Vorstrandbereich. Dichte Siedlungen entstehen nur dort, wo es nach dem Planktonleben der Larven den Muschelbabys am Boden einmal gelungen ist, ihren zahlreichen Fressfeinden, den Krebsen, Fischen und Vögeln, zu entgehen. Haben Herzmuscheln dann die Größe einer Kirsche erreicht, knacken nur noch wenige ihre gerippte Schale. Danach kann sie zehn oder mehr Jahre alt werden. Nach jeder winterlichen Wachstumspause entsteht ein Jahresring auf der Schale, ähnlich wie in Baumstämmen. Mit zunehmendem Alter liegen diese Ringe immer dichter beieinander. Die alten Herzmuscheln investieren dann hauptsächlich in die Nachkommenschaft und wachsen selbst nur noch wenig. Je älter sie sind, umso wichtiger werden sie also für den Arterhalt. Altersdiskriminierung wie bei uns Menschen gibt es unter Muscheln nicht.

Immer öfter tauchen auch neue Muschelarten im Strandanwurf auf. Vor vierzig Jahren wurden erstmalig amerikanische

Schwertmuscheln am Nordseestrand gefunden. Offenbar kamen deren Planktonlarven im Ballastwasser eines Schiffes in die Deutsche Bucht. Vor der Elbmündung wurde das Ballastwasser abgelassen und die Muschellarven dabei freigesetzt. Die Larven entwickelten sich am Nordseeboden zu Schwertmuscheln

*Exotische Grüße vom Meer an den Strand: aus Amerika in die Nordsee eingeschleppte Schwertmuscheln und Pantoffelschnecken sowie eine Auster, die aus dem Pazifik stammt*

und die konnten sich erfolgreich vermehren. In wenigen Jahren avancierte die amerikanische *Ensis leei* zur häufigsten Muschel im Vorstrandbereich.

Sie steckt wie die Herzmuschel dicht unter der Bodenoberfläche, kann sich aber bei Annäherung eines Muschelfressers blitzschnell mit sehr kräftigem Muschelfuß in die Tiefe verziehen. Erlahmt der zum Lebensende, ragen die Muscheln aus dem Boden. Besonders nach heftigen Stürmen können Tausende von ihnen lebend auf den Strand gespült werden. Für Silbermöwen ist das ein gefundenes Fressen. Sie fliegen dann in großen Scharen zum Strand. Die fingerlangen Muscheln können sie aber nicht einfach so runterschlucken. Also fliegen sie mit ihrer Beute im Schnabel wie mit einer Zigarre ins Abseits, um sie dort ohne Neider aufzupicken.

Die amerikanische Schwertmuschel ist nicht die einzige, die von fernen Küsten durch den Menschen in Nordsee und Ostsee gelangte.[8] Insgesamt sind es bisher dreizehn Arten. Die großen weißen Sandklaffmuscheln *(Mya arenaria)* brachten schon die Wikinger aus Nordamerika mit. Neu ist die von ostasiatischen Küsten stammende Manila-Teppichmuschel *(Ruditapes philippinarum)*. Sie wurde aus kulinarischen Gründen zuerst an der französischen Atlantikküste, dann in England und Italien ausgesetzt. In der Lagune von Venedig wurde sie schnell zur häufigsten Muschelart. In Nordfriesland ist sie erst seit wenigen Jahren zahlreich. Wie sie dort hinkam, ist unbekannt. Heimische Muschelarten nahmen durch die Neulinge bislang noch keinen Schaden.

Im Gegensatz zu Pflanzen- und Tierarten an Land sind es an Nordsee- und Ostseeständen nicht weniger, sondern eher mehr Muscheln geworden. Was mag das Erfolgsrezept der Muscheln sein? Sicherlich nicht nur ein einziges, und auch nicht alle Muschelarten konnten expandieren. So war in der Vergangenheit der Appetit der Menschen auf Austern so groß, dass die europäische Art an der deutschen Nordseeküste nicht überlebte. Die danach ausgesetzte Pazifische Auster etablierte sich mit großem

Erfolg. Die meisten Muschelarten überleben als Glücksspieler. Jedes Jahr spielen sie mit hohem Einsatz. Das sind ihre vielen Larven im Plankton. Meist endet das als Schlag ins Wasser oder alles ist in den Sand gesetzt. Nur in wenigen Jahren oder an wenigen Stellen überlebt der Nachwuchs bis zur eigenen Fortpflanzungsreife. Je älter eine Muschel wird, desto größer ist ihre Chance, wenigstens einmal im Leben einen Hauptgewinn gezogen zu haben.

## XII.

Rund fünfzig unterscheidbare Möwenarten fliegen über Strände, Seen und Meere.[9] Da Möwen nahe verwandter Arten sich aber oft miteinander verpaaren, ist die Artzugehörigkeit manchmal eine zweifelhafte Sache. Am Baikalsee gibt es Arten, die zwischen amerikanischen und europäischen Silbermöwen changieren, mit vielleicht etwas asiatischer Steppenmöwe im Blut. Bei Möwen kann man sich nie ganz sicher sein. Das gilt auch für ihr Verhältnis zum Strand und zum Menschen sowieso.

Als Sinnbild sind Möwen unersetzlich. Möwen sind Flieger in strahlendem Weiß, dazu nur etwas Grau und Schwarz im Gefieder. Sie sind die Lichtgestalten der Strände. Ihnen vertrauen wir unser Fernweh an und quälende Sorgen, und von ihnen hoffen wir zu lernen, was es bedeutet, die Weite des Meeres einzuatmen. Nur an tropischen Stränden sind Möwen rar. Warum, das ist nicht klar. Möwen, so wurde geglaubt, verkörpern die Seelen ertrunkener Seeleute. Alle schmachtenden Seemannslieder singen immer nur von Möwen und niemals von Fregattvögeln oder Pelikanen. Was haben Möwen, was anderes Federvieh am Strand nicht hat?

Möwen sind keinesfalls Wundertiere. Und am Strand bekommen sie neuerdings Konkurrenz. Längst nicht alles läuft rund in einem Möwenleben. An den Stränden der Unterelbe und der Nordsee besuchen immer häufiger auch Krähen den Strand. Eine Mantelmöwe pickte an einem toten Eidererpel. Sie ist die größte aller Möwen, hat schwarze Flügeldecken und ist sonst weiß. Eine Nebelkrähe flog heran, deutlich kleiner, und wahrte vorsichtigen Abstand. Dann kam eine zweite Krähe an und zupfte der Möwe am Schwanz. Kaum drehte die Möwe sich verärgert um, zog schon die andere Krähe an der begehrten Ente. Schnell nahm die Möwe ihr Aas wieder in Besitz, aber das Mobbing der Krähen hörte nicht auf. Entnervt flog die Mantelmöwe schließlich von dannen und überließ den Krähen das restliche Aas. Krähen sind gut in Teamarbeit. Möglicherweise könnte ihnen das helfen, die schwarzen Strandmöwen von morgen zu werden.

So verschieden sie aussehen und ihre Fähigkeiten sind, Möwen, Krähen und Menschen sind irgendwie seelenverwandt. Nicht immer, aber meistens sind alle recht laut und grob, verblüffend flexibel, vor allem ziemlich schlau und dennoch oder deshalb treu. Vor sechzig Jahren führte Alfred Hitchcock im Horrorfilm *Die Vögel* alle drei Arten unheilvoll zusammen. Möwen und Krähen fielen aus heiterem Himmel völlig aus der Rolle. Sie attackierten und bekriegten die Menschen. Niemand erfuhr, warum und weshalb. Sie stellten Vertrautes auf den Kopf. Waren sie die Strafe für unbedachte Sünden? Sollte ihre Natur-

*Silbermöwen erwarten Seesterne oder Muscheln, während am Sylter Strand künstlich Sand aufgespült wird*

gewalt die der Menschen ablösen? Äfften sie Fliegerangriffe und Kriege nach? Zum Filmende nahmen Möwen und Krähen in bedrohlicher Eintracht nahe San Francisco den Küstenort Bodega Bay ganz in ihren Besitz, während verschreckte Menschen blutend das Weite suchten. Der Film wirkt bis heute nach.

Die Filmszenen waren nicht so ganz aus der Luft gegriffen. Forscher fanden heraus, dass möglicherweise giftige Algen, die die Vögel gefressen hatten, Auslöser für die Angriffe gewesen waren, die 1961 tatsächlich in dem Küstenort Bodega Bay stattgefunden hatten – Hitchcock hatte darüber in der Lokalzeitung gelesen und daraufhin beschlossen, den Film zu drehen. Aber Attacken mit Sturzflügen von Möwen kennen auch Eierdiebe und Vogelkundler, wenn sie sich deren Brutkolonien nähern. Dann helfen Helme gegen Hiebe und abwaschbare Kleidung gegen gezielten Beschiss. Auf Strandpromenaden greifen Möwen urplötzlich aus dem Hinterhalt an, stehlen Fischbrötchen, Eis oder Crêpes aus den Händen und lassen traumatisierte Urlauber zurück. Das Abjagen von Beute steckt ihnen im Blut. Und dieses Verhalten hat ihrem Ansehen nachhaltig geschadet. In Badeorten und auf Ausflugsschiffen ist das Füttern von Möwen schon länger verboten. Denn das Füttern verdirbt ihnen erst recht den Charakter, und ihr scharfer Kot verdirbt uns jeglichen Lackanstrich. Wo sie auf Dächern brüten, werden sie oft schon wegen ihres frühen Morgen-Geschreis vertrieben. Krähen werden aus ähnlichen Gründen als unangenehm empfunden. Am Strand aber ist meist genügend Distanz. Dort wird auch nicht gebrütet. Alle schauen dort nur, was es zu sehen oder finden gibt oder kommen zum Ausruhen an den Wassersaum.

Unser Verhältnis zu Möwen hat manche Wenden genommen. Auf der Nordseeinsel Langeoog wimmelt es von Möwen: Hering- und Silbermöwen, Sturm- und Lachmöwen gehören zum Insel-Inventar. Lale Andersen sang von weißen Möwen in Piräus, aber wohnte auf der Möweninsel Langeoog. Gegessen wurden die Inselmöwen selten, ihre Eier umso lieber. Zur Brutzeit ernährten sie die Insulaner. Das ging lange Zeit gut, aber mit den Badegästen kamen Unarten auf die Insel. Im 19. Jahrhundert galt das Möwenschießen als Vergnügen. Und die schönsten Möwenfedern zierten die mondänen Hüte der schönsten Damen. Fast wären alle Möwen von Langeoog verschwunden, hätte man ihnen nicht in den ortsnahen Dünen ein Schutzgebiet zugewiesen.

Das geschah schon 1875 und war ein Novum im deutschen Kaiserreich. Grund für den Schutz waren allerdings nicht die

Möwen selbst, sondern was sie vorne erbrechen und hinter sich ließen. Dem Flugsand im Ort sollte Einhalt geboten werden. Und wo Möwen brüten, fliegt kein Sand. Warum? Mit ihren Ausscheidungen düngen sie die Vegetation und die sandigen Dünen werden grün – und alles, was im Boden wächst, hält den Sand unten. Man aß die Eier natürlich weiter, aber nun in Maßen. So entwickelte sich auf Langeoog die größte Silbermöwen-Kolonie der Küste mit bis zu 25.000 Paaren. Das entspricht immerhin einem Zehntel der jährlichen Gästezahl heute.

Auch anderswo erging es den Möwen bald wieder besser. Ihre weißen Federn kamen außer Mode. Und nicht von ungefähr lautet es in Christian Morgensterns bekanntem Möwenlied: »Ich schieße keine Möwe tot, ich lass' sie lieber leben.« Das spiegelte um 1900 die Abkehr vom Möwenschießen. Möwen fanden das sicher gut, aber auch sie veränderten ihr Verhalten. Sie folgten dem besten Futterangebot ihrer Zeit. Das boten bald nicht mehr die Strände, sondern offene, immer höher werdende Müllhalden der großen Städte. Viele Strandmöwen wurden zu Müllmöwen und Langeoog bot ihnen nicht genug Müll.

Das Ansehen der Möwen sank weiter. Hinzu kam der Verdacht, Möwen könnten Salmonellen übertragen. Möweneier galten fortan nicht mehr als Delikatesse. Diese Verleumdung half den Möwen zwar, aber nun sorgten sich Vogelfreunde, die Möwen könnten überhandnehmen und gefährdete Seeschwalben von der Küste verdrängen, denn Möwen sind wie der Mensch notorische Eierräuber. Mitte des 20. Jahrhunderts gerieten Möwen unter Menschen so sehr in Ungnade, dass selbst Vogelfreunde sie dezimierten. Zum Schutz der Seeschwalben sollten Möwen reguliert werden. Karsten war als Junge bei einer solchen Aktion dabei. Heftig schüttelten wir auf Hallig Hooge die Möweneier in den Nestern durch. Das sollte verhindern, dass Küken schlüpften, stellte sich aber bald als ziemlicher Unsinn heraus. Außerdem hatten die Möwen mit der Gefährdung der Seeschwalben nichts zu tun – wie Forscher herausfanden. Den Seeschwalben hatte es an kleinen Fischen gefehlt, und in denen, die sie fingen, war der Schadstoffgehalt zu hoch.

Das Leben der Möwen veränderte sich. Aus dem Binnenland zogen immer mehr Lachmöwen zur Küste, denn ihre Feuchtgebiete wurden trocken gelegt für die Landwirtschaft. Sturmmöwen war die Ostseeküste nicht mehr genug und sie flogen vermehrt an die Nordsee. Von England aus wanderten Heringsmöwen ein. Von ihnen brüten mittlerweile auf Langeoog mehr als doppelt so viele wie Silbermöwen. Verdrängung unter Möwen spielt dabei kaum eine Rolle. Möwen fressen alles Mögliche, doch unterscheiden sich die Arten in ihren Vorlieben und auch in ihren Gewohnheiten. So fliegen Heringsmöwen weiter auf das Meer hinaus als Silbermöwen. Sie ernähren sich mehr von Fisch und Krebsen, während Silbermöwen kleine Muscheln aus dem Watt präferieren. Heringsmöwen fliegen im Winter bis nach Afrika, Silbermöwen bleiben im Norden. Frisch gepflügte Äcker finden alle gut, wegen der zerstückelten Regenwürmer.

Möwen sind heute geschützt. Sie bei der Brut zu stören, ist verboten. Müllkippen sind inzwischen abgedeckt. Neue Feinde wie streunende Katzen und andere auf die Inseln importierte Vierbeiner wie Igel und Ratten setzen der Möwenbrut zu. Deswegen suchten Möwen nach alternativen Brutplätzen und fan-

*Silbermöwen hoffen, dass brechende Wellen ihnen frische Beute auf den Strand werfen*

den die auf den Flachdächern großer Wohnhäuser, Hotels und Supermärkte. Dort aber mag man sie nicht und versucht sie trickreich zu vertreiben. »Haut ab in die Natur« verlangt man von ihnen, aber die Natur ist für die Möwen auch nicht mehr das, was sie einmal war, selbst dort, wo sie geschützt ist. Möwen haben es mit uns Menschen auch nicht immer leicht, und man mag fragen, wie es wohl um unser Ansehen bei den Möwen steht?

Möwen wie Krähen sind vielseitige Opportunisten. Möwen aber können schlecht auf Bäumen klettern und Krähen schlecht schwimmen. Weil die moderne Agrarlandschaft immer aufgeräumter und damit nahrungsärmer wird, wanderten viele Krähen in die Städte und an die Strände. Gleichzeitig nahm durch Zuwanderung die Vielfalt der Möwen an den Nordsee- und Ostseestränden zu. Anscheinend ist dort für alle genug zu holen, wenn auch genutzt wird, was durch Menschen zusätzlich an Nahrung anfällt. Wo diese recht ebenbürtigen Vögel aneinandergeraten, kann es ruppig zugehen, aber meist meiden sie klug die direkte Konfrontation. Sie werden wohl ihre Kompromisse schließen und wir stehen vor der Wahl, unsere Zuneigung lieber den schwarzen oder weißen Vögeln zu schenken. Unsere Entscheidung, wem wir sie unter die Flügel stecken, steht jedenfalls fest.

## XIII.

Felsen in der Brandung sind oft dicht mit Algen, Seepocken und Muscheln bewachsen. Feuchte Sandstrände erscheinen dagegen wie leergefegt, ohne Bewuchs und frei von tierischem Gewese. Doch das täuscht. Unter der Oberfläche tummelt sich pralles Leben im Verborgenen. Die Gründe, in Deckung zu bleiben, sind vielfältig. Sand dämpft nicht nur die Wellenwucht. Wer sich tief vergräbt, läuft weder Gefahr, weggespült zu werden noch bei Ebbe auszutrocknen noch von Vogelschnäbeln erwischt zu werden. Eine Herausforderung aber bleibt bestehen: Der Lebensraum Sandstrand ist immerzu in Bewegung. Also müssen auch seine Bewohner höchst beweglich sein.[10]

Wenn sich scharenweise Möwen am Strand versammeln, dann lockt sie nicht, was dort unter ihnen lebt. Sie warten auf das, was die Wellen an den Strand spülen. Oft aber warten sie nicht ab, was strandet, sondern versuchen, das hilflos in der Brandung Treibende vor den anderen zu ergattern. Trotzdem landet noch viel Verwertbares – neben all dem Unverwertbaren – im Spülsaum am Strand.

Davon lebt eine Unterwelt. Tagsüber bleibt sie im Sand, doch schon in der Dämmerung beginnt reges Treiben auf dem Sand. Was an Algen und Tierleichen angespült wurde, wird nun emsig zerkleinert und konsumiert. Besonders engagiert sind sandfarbene, seitlich etwas zusammengedrückte kleine Krebse. Sie können sich in Windeseile einbuddeln, können krabbeln und vor allem können sie hüpfen. Keiner aus dieser nächtlichen Strandputzkolonne beißt. Statt Strandfloh sollten sie deswegen besser Strandhüpfer heißen. Locker springen diese nur einen Zentimeter kurzen Athleten über zwanzig Zentimeter hoch, mit Wind von hinten auch über einen Meter weit. Aufgescheucht hüpfen sie wild durcheinander, dass es schier unmöglich ist, einzelne von ihnen zu greifen. Die Nachtwandler entstammen dem Meer, meiden aber Kontakt mit den Wellen. Ihr Milieu ist der feuchte Sand. Strandhüpfer verschiedenster Art bevölkern nahezu alle Strände außer an gefrorenen Küsten. An Nordsee und Ostsee ist *Talitrus saltator* die häufigste Art.

Wer nachts bei Mondschein an warmen Stränden wandelt, wird dort Geisterkrabben (*Ocypode*-Arten) huschen sehen, aber braucht sich vor ihnen nicht zu fürchten. Zur Paarungszeit sollen sie sogar mit ihren Scheren so zart stridulieren können, dass selbst Menschen dadurch in Stimmung geraten. Tagsüber zeugen kreisrunde Löcher mit einem Haufen Sand davor von ihrer Existenz. Die Gänge darunter reichen über einen Meter tief. Nur über die Zahl dieser Löcher lässt sich schätzen, wie viele Geisterkrabben nachts den Strand heimsuchen. Der Lochdurchmesser verrät außerdem die Größe der Bewohner. Ihr quadratischer Rückenpanzer kann bis zu fünf Zentimeter messen, hinzu kommen acht lange Beine und ein Paar ungleicher Scheren sowie langgestielte Augen für den Rundumblick. Geisterkrabben fressen Angespültes und jagen kleinere Strandbewohner. Strandhüpfer sind deswegen selten, wo Geisterkrabben häufig sind. Auch den Meeresschildkröten rauben sie die eingegrabenen Eier. Selbst die frisch geschlüpften Babys müssen sich vor ihnen hüten.

Außer Sammlern und Jägern lebt noch eine ganz andere Berufsgruppe im Strand. Sie filtern das Wasser in der Brandung. Mit dabei sind auch wieder Krebse. Besonders eigentümlich sind olivengroße und ebenso geformte Verwandte der Einsiedlerkrebse. Sie werden Maulwurfskrebse (*Emerita*-Arten) genannt und graben sich rückwärts durch den feuchten Sand. Nur ein aus dem ersten Antennenpaar geformtes Rohr für den Atemwasserstrom ragt aus dem Sand. Das zweite Antennenpaar ist viel länger und dient dem Nahrungserwerb. Es wird nur ausgerollt, wenn der Wellenrücklauf über sie strömt. Viele feine Borsten machen aus der Antenne eine Feder, die das Plankton aus dem Wasser kämmt. Mehrmals pro Welle rollt der Maulwurfskrebs seine zwei Federn aus und wieder ein. Dabei bürsten seine Mundgliedmaßen alles aus der Feder, was ihnen nahrhaft erscheint.

Diese Maulwurfskrebse kullern in der Brandung den Strandhang rauf und runter, um je nach Tidenstand ihre optimale Position zu finden. Wie die Geisterkrabben, von denen sie oft gefressen werden, bevorzugen sie die wärmeren Strände. Ihre Larven entwickeln sich im Plankton. Bis zu vier Monate dauert es zur Umwandlung in den Bodenkrebs. Die Männchen sind meist viel kleiner als die Weibchen. und bei manchen Arten hängen sie wie Parasiten an ihren Beinen. Wie in der turbulenten Brandung die Paarung gelingt, bleibt ihr Geheimnis.

An den Atlantikstränden Europas huschen weder Geisterkrabben noch kullern Maulwurfskrebse auf und ab. Die Strandbewohner sind hier alle viel kleiner. Gräbt man bei Niedrigwasser am unteren Strand ein tiefes Loch und rührt dann kräftig im zusammenlaufenden Wasser, erscheinen winzige Krebse, die den Strandhüpfern ähnlich sehen. Sie können nicht springen, aber dafür gut schwimmen und buddeln. Einige sind bläulich, andere gelb oder weißlich.

Am eigenartigsten unter ihnen ist *Haustorius arenarius.* Er ist fast blind und seine Beine sind wie breite Schaufeln geformt. Er lebt wie die Maulwurfskrebse von dem, was er mit behaarten Borsten aus dem Wasserstrom filtern kann. Klein wie er ist, genügt ihm, was durch das Lückengefüge im nassen Sand von den Wellen bis zu ihm dringt.

Das Wasser der Brandung am unteren Strand filtern außer Krebsen auch bestimmte Muschelarten. In der Nordsee sind sie selten und fehlen in der Ostsee ganz. Es sind bohnenförmige, kleine Muscheln, die wegen ihres gekerbten Schalenrandes Sägezähnchen *(Donax vittatus)* heißen. Ähnlich wie die Maulwurfskrebse kullern sie am Strand auf und ab und können sich mit muskulösem Fuß rasch wieder eingraben. Ihre Schalen sind oft am Strand zu finden. Die stammen aber meistens aus wärmeren Zeiten. Erst durch die gegenwärtige Klimaerwärmung tauchten in den letzten Jahren lebende Sägezähnchen an den Ostfriesischen Inseln wieder auf. Verwandte von ihnen gibt es an nahezu allen wärmeren Stränden.

Außer Strandbewohnern, deren Verwandtschaft an fast allen Stränden vertreten ist, sind manchmal auch solche zu finden, die es nur in einer Küstenregion gibt. Am Strand Kaliforniens leben in der Brandung bis zu handtellergroße Muscheln mit schwerer, mächtig dicker Schale. Am Dünenrand der Baja California fanden wir Berge dieser großen Muschelschalen. Sie heißen Pismo-Muscheln und gleichen in der Form den viel kleineren Strahlenkörbchen aus der Nordsee. Der Artname *Tivela stultorum* nimmt Bezug auf ihre Langsamkeit.[11] Langsam sein ist unter Strandbewohnern eine Ausnahme.

Die riesigen Muschelhaufen lassen vermuten, dass hier am Strand ganze Muschelmassaker stattfanden. Wir suchten lange bei Ebbe, bis wir noch ein paar junge, lebende Exemplare zwischen den anrauschenden Wellen fanden. Von den großen keine Spur. Die dicken Schalen haben feine Streifen mit gröberen dazwischen, das könnten Jahresringe sein. Dann dürften die größten in den Schalenhaufen über fünfzig Jahre erreicht haben und die kleinen im nassen Sand noch im Kindergartenalter sein.

Im Städtchen Pismo, nördlich von Santa Barbara, wird einmal im Jahr das *Pismo Beach Clam Festival* gefeiert. Die Muschel aber gibt es dort schon länger nicht mehr. Die Kinder bekommen welche aus Plastik zum Spielen und serviert wird importierte Muschelware anderer Arten. Noch vor hundert Jahren wurden bei Niedrigwasser die Strände mit Pferden nach Muscheln umgepflügt, um das Muschelfleisch an Schweine zu verfüttern. Aber es wurden schnell weniger, trotz bald verordneter Mindestgröße von zehn Zentimetern. In den letzten vier Jahrzehnten wurden nur noch so wenige gefunden, dass an den meisten Stränden das Sammeln von Pismo-Muscheln ganz aufhörte. Jetzt gibt es wieder Hoffnung, aber ein Comeback kann bei diesen langsamen Muscheln sehr lange dauern. Anders als ihre flinke Verwandtschaft, die sich schnell am Strand wieder eingraben kann, verlässt sich die Pismo-Muschel auf den Schutz ihrer mächtig dicken Schale. Das ging offenbar über Millionen von Jahren gut, bis Menschen sie in großem Stil zu ernten begannen.

In Südafrika, wo südatlantische Wellen auf die vom Indopazifik stoßen, beleben aasfressende Schnecken den Strand.[12] Die bis sechs Zentimeter messenden Pflugschnecken *(Bullia digitata)* leben auf großem Fuß. Den verwenden sie außer zum Kriechen und Graben zum Surfen in der Brandung. Wenn die Flut beginnt, lassen sie sich damit den Strand hochspülen. Dort angelangt, fahnden sie mit ihrem Riechschnorchel nach angespülten Quallen oder totem Fisch. Fündig geworden, versammeln sich gleich Dutzende von ihnen zum Festmahl. Hat die Flut ihre halbe Höhe erreicht, graben sich alle Schnecken schon wieder ein und kommen erst wieder aus dem Sand, wenn sie bei nachfolgender Ebbe mit den Wellen zurück zur Strandkehle surfen können. So vermeiden sie, zu hoch am Strand zu stranden, wo ihnen das Austrocknen droht.

Nur in den Pazifikstränden Australiens wohnen Königswürmer *(Australonuphis teres)*, tief verborgen im Sand.[13] Auch sie sind Aasfresser. Mit stinkigem Fisch lassen sie sich anlocken. Wenn der Wurm mit seinem Vorderende neugierig aus dem Sand kommt, wird er blitzschnell mit zwei Fingern hinterm Kopf gepackt und dann vorsichtig aus dem Sand gezogen. Bis zwei Meter lang können Königswürmer werden. Geübte Profis fangen

*Blasentang*

*Beerentang mit Meerbällchen, von Wellen aus den Stielen winziger Polypen geformt*

sie, um sie stückweise als Angelköder zu verkaufen. Beim Zupacken ist Vorsicht geboten. Die Würmer können mit zwei Kiefern zuzwacken.

Am oberen Strand treffen zwei evolutive Abstammungswelten aufeinander. Die einen entstammen dem Meer und die anderen dem Land. Letztere sind oft Käfer. Auf dem weiten Kniepsand von Amrum leben Millionen winziger Kurzflügler, schwarz mit braunen Flügeldecken *(Bledius arenarius).* Sie buddeln wie die Wühlmäuse dicht unter der Oberfläche durch den Sand. Sie weiden von den Sandkörnern fotoaktive Bakterienrasen ab. Ein schwarzer, großer Laufkäfer *(Broscus cephalotes)* stellt nachts am Spülsaum den Strandhüpfern nach. Besonders in den Geröllstränden der Ostsee lauert eine große Wolfsspinne *(Arctosa cinerea)* in sandfarbenem Tarnanzug den Tangfliegen auf. Auch sie rast den Strandhüpfern hinterher. Ein Netz spinnt sie nicht. Am Strand würde darin wohl auch zu viel Sand hängen bleiben.

Von einer Strandharmonie ist zwischen tierischen Meerwesen und Landwesen keine Spur. Auch sonst geht am Strand vieles drunter und drüber. Erstaunlich ist aber, wie gut abgestimmt die Lebensweisen dieser Strandtiere auf ihre jeweiligen Strände sind. Bei einem gemeinen Experiment kam heraus, dass Strandhüpfer sich erinnern, in welche Richtung es an ihrem Strand zum Meer hin geht. Versetzt man sie an einen gegenüberliegenden Strand, hüpfen sie prompt in die falsche Richtung.

Nicht im Verborgenen, aber rasend schnell wetzen Sanderlinge in der Brandung den zurückströmenden Wellen hinterher. Sie picken dabei ohne abzubremsen aus dem Sand, was außer ihnen sonst niemand sieht. An den Nordseestränden erwischen sie den schon erwähnten Haustorius-Krebs und öfter noch die grünen Strandwürmer *(Scolelepis squamata),* die immer dann mit spitzer Nase und zwei kurzen Tentakeln nach oben kommen, wenn über ihnen die Wellen am Hang zurückfließen. Bei Ebbe ziehen sie sich bis über einen Meter tief in den Sand zurück.

Nicht einmal faustgroß, rast der Sanderling auf seinen zweimal drei Zehen derart schnell über den Strand, dass die Beine kaum noch zu sehen sind. Im Winter ist seine Brust leuchtendweiß, zur Brutzeit in der Hocharktis rostbraun. Sanderlinge sind wahre Globetrotter.[14] Einige Überwintern an den Stränden von Nordsee und Ostsee, aber viele fliegen von da weiter zu den Stränden Afrikas. Über die letzten drei Jahrzehnte wurden deutlich mehr Sanderlinge auf dem ostatlantischen Zugweg beobachtet. Vielleicht profitieren sie von der Klimaerwärmung. Andere Sanderlinge ziehen entlang amerikanischer Strände bis nach Feuerland oder im Westpazifik bis nach Südaustralien. Das macht locker bis zu 20.000 Kilometer für den Hin- und Rückflug und entspricht dem halben Erdumfang.

Der Sanderling ruft kurz plitt oder bitt, tjick oder tiwick, und sein plattdeutscher Name lautet Keen Tied. Das kennzeichnet sein ganzes Leben. Die Küken sind schon nach drei Wochen vollkommen fit. Die Eltern verlassen dann schon gleich Ende Juli die Arktis, obwohl sie erst Ende Mai angekommen sind. Wenn Menschen das Wahlalter erreichen, ist das Leben für den Sanderling schon wieder vorbei. Bei diesem Turboleben hat er nichts zu verschenken. Darum bitte am Strand einen kleinen Bogen nach oben laufen, wenn Sanderlinge in der Brandung rasend nach verborgener Nahrung picken.

Was ist von einer Strandnatur zu halten, die man nur selten oder gar nicht sieht? Der Strandsand lässt sich durch ein Sieb spülen und in den Maschen bleiben neben allerlei Muschelschalen oder Kies dann einige der im Verborgenen lebenden Strandbewohner hängen. Die können dann in Schalen mit Seewasser gewaschen werden, um sie besser anzuschauen. Die Käfer oder Spinnen vom oberen Strand werden von Ökologen meist in Bodenfallen eingefangen, um sie identifizieren und zählen zu können, damit wir wissen, was da lebt. Alle diese Strandbewohner tragen als Putzkolonne, Jäger, Aas- oder Filterfresser zum sauberen Strandsand bei.

## XIV.

Im äußersten Norden Norwegens, jenseits des Polarkreises, liegt die Finnmark. Dass dort Schmetterlinge leben, kann man sich fast nicht vorstellen. In den Weiten der Tundra schaffen Raupen es nicht in einem Sommer bis zur Verpuppung, weil der Sommer in der Arktis zu kurz ist. Die Raupen frieren ein und fressen im nächsten Sommer weiter und wenn das auch noch nicht reicht, dann erfolgt die Verpuppung eben am Ende des dritten Sommers. Die Puppe überwintert, und erst wenn dann die Tundra wieder auftaut und es mal windstill und sonnig ist, dann schlüpfen die Falter, suchen nach Partnern, legen Eier, und schon nach ein, zwei Wochen endet ihr polares Flatterleben. Um diese flüchtigen Existenzen zu fangen, bedarf es ungeheuer viel Glück und Geschick.

*Strände in der steinigen Finnmark zu finden, das weiß Karsten, ist auch nicht gerade leicht.* Zusammen mit Hartmut Roweck fuhr ich nach Ekkerøy, einer Felseninsel am Varangerfjord, die durch einen Doppelstrand mit dem Festland verbunden ist. Doppelstrände sind ein seltsames Phänomen und wurden fachsprachlich Tomboli getauft. Sie bestehen aus Sand oder Kies und sind zusammengespült von Wellen, deren gerade Frontlinie durch die Insel so umgebogen wird, dass hinter der Insel die Wellen aufeinandertreffen. Was sie vorher vom Meeresgrund aufwirbeln konnten, blieb hier in Form einer Sandbank liegen. Die wuchs immer länger und höher und machte schließlich Ekkerøy zur Halbinsel samt Straßenverbindung zum Festland. Besonders der Weststrand ist im Sommer bei Kindern beliebt zum Spielen und sogar für kurzes Baden bei höchstens mal 15 Grad. Am Oststrand auf der anderen Seite der Straße taucht ein Watt mit breiten Rippeln auf, den Waschbrettspuren, die Wellen im Sand hinterlassen.

Am steil abfallendem Sandsteinkliff von Ekkerøy brüten Tausende von Dreizehenmöwen. Die sind äußerst aparte Erscheinungen, sind hellweiß mit hellgrauen Flügeldecken, haben schwarze Beine und Füße mit drei Zehen sowie einen leuchtend gelben Schnabel. In der Größe gleichen sie Sturmmöwen und haben auch deren schwarze Augen. Gleich nach dem Brüten fliegen Dreizehenmöwen zurück auf die hohe See. Strände interessieren sie wenig. In Deutschland brüten sie nur in den Klippen von Helgoland.

Ich schnürte oben am Kliff entlang. Windböen trugen das vielstimmige Möwenkonzert bis zur Hochebene, wo ich in der

*Versteinerte Strandrippeln auf präkambrischem Felsplateau von Ekkerøy am Varanger-fjord*

Tundra köstliche Moltebeeren pflückte. Auf einem Tümpel kreiselte ein graziles Odinshühnchen und pickte nach Mückenlarven im Wasser. Erst ganz am Ende vom Kliff gelang mir ein rutschiger Abstieg runter zum Meer.

Nur wenige Wellen überspülten ein Felsplateau, das mit der Ebbe allmählich zum Vorschein kam. Von weitem sah es aus wie ein rotbraun und schwarz gestreifter Flickenteppich. Kurz darauf stand ich auf gerippeltem Sandstein und musste mich, ganz verblüfft, erstmal setzen. Wellen können Stein nicht erweichen. Die Rippeln mussten geformt worden sein, als hier noch ein beweglicher Sandstrand war. Später erst las ich in einer geologischen Studie über diesen versteinerten Strand.[15] Der soll aus einer Zeit stammen, in der es noch keine Meerestiere mit harten Schalen gab. Fossilien waren in diesem Sandstein auch nicht zu finden. Er soll über 600 Millionen Jahre alt sein.

Das Plateau war glitschig. Ich maß den Abstand zwischen den symmetrisch abgeflachten, großen Rippeln: zwanzig bis dreißig Zentimeter. Eben solche Rippeln hatte ich vorher am Oststrand von Ekkerøy gesehen, dort ganz frisch von Wellen aus dem lockeren Sand geformt. Auf dem Felsplateau gab es mehrere Schichten versteinerter Rippeln, die sich in der Ausrichtung unterschieden. An einer Stelle tauchten auch viel kleinere Strömungsrippeln auf, so wie der Ebbstrom sie im Sandwatt hinterlässt. Der Abstand zwischen diesen kleineren Rippeln betrug gerade mal zehn Zentimeter. Diese Rippelkämme stiegen auf der einen Seite flach an und fielen zur anderen steil ab. Die hatte einst der Ebbstrom geformt.

In Pfützen auf dem Plateau wuchsen zarte Grünalgen in Flecken. Während ich auf hartem, noch nassem Stein saß, kam ein Schaf mit zwei Lämmern getippelt. Suchend nach kulinarischer Abwechslung, schnupperten sie an den Grünalgen und zogen dann weiter, ohne mich zu beachten. So sinnierte ich weiter. Es musste Zufall sein, dass diese fossilen Rippeln heute wieder auf etwa demselben Höhenniveau lagen wie die frischen Sandrippeln vom Tombolostrand.

Seit sich am Rande der Baltischen Kontinentalplatte einst die inzwischen versteinerten Rippeln gebildet hatten, ist das Meer mehrfach um über hundert Meter gesunken und wieder gestiegen in Abhängigkeit vom Klima mit jeweils viel oder wenig Eis auf dem Land. Zusätzlich dürfte sich in diesen langen Zeiträumen die Baltische Platte mehrfach gehoben und gesenkt haben. Und nun begegneten sich Meer und versteinerte Strandrippeln zufällig wieder auf Augenhöhe. Einst darüber liegende Gesteinsschichten waren vermutlich als Geröll ins Meer gestürzt. Die Flut kam nun langsam zurück. Ich musste den fossilen Strand den Wellen überlassen und kletterte mühsam den steilen Hang wieder hoch.

Vom Multitalent Leonardo da Vinci sind Notizen überliefert, dass ihm in den Bergen der Lombardei Schichten mit Herzmuscheln ins Auge fielen.[16] Er sah das vor fünfhundert Jahren. Leonardo verwarf die Idee, es könnten Relikte der biblischen Sintflut sein, denn wie sollte tagelanger Regen die Meeresmuscheln hoch in die Berge bringen? Das gab keinen Sinn. Auch glaubte er seinen Zeitgenossen nicht, die solche Herzmuscheln für versteinerte Schöpfung hielten. Leonardo nahm an, dass sie einst lebten, doch wie sie in die Berge gelangt sein könnten, blieb ihm ebenso rätselhaft wie uns heute das Lächeln seiner Mona Lisa.

Leonardos Notizen wurden vergessen oder seine Gedanken passten nicht in die Zeit. Erst viel später erkannten Geologen, dass Strände eines einstigen Tethysmeeres durch sukzessive Landhebungen in die Höhen der heutigen Lombardei geraten waren. Ähnlich wie sich ja auch Skandinavien im Norden um mehrere Millimeter im Jahr hebt – bis heute. Wir sahen daher oft auf den unteren Berghängen um die Fjorde helle Streifen mit rund geschliffenem Geröll früherer Strandlinien – Strände im Ruhestand. Dazwischen brüteten Alpenstrandläufer. Nach der Brutzeit fliegen sie ins Wattenmeer, wo es mehr für sie zu stochern gibt. Sie rasten in großen Schwärmen auch gerne mal am Strand, aber mit den Alpen in seinem Namen hat dieser Vogel nicht das Geringste zu tun. Den Namen *Calidris alpina* gab ihm der Schwede Carl von Linné. Zu dessen Zeit galt die raue Landschaft der Finnmark als alpin. Daher rührt der heute als verwirrend empfundene Vogelname.[17]

Sandstrände bestehen aus verwittertem Gestein, das seinen Weg durch Regen und Flüsse bis zum Meer fand. Von dort werfen Wellen das sandige und kiesige Material wieder an Land. Wo es liegen bleibt, entsteht so ein Strand. Durch das Ansteigen und Sinken des globalen Meeresspiegels sowie durch Hebungen und Senkungen des Landes bleiben Strände nie lange, wo sie sind. Wie in Skandinavien geraten sie in Höhenlagen weit übers Meer und anderswo versinken sie im Meer, aber entstehen später erneut an anderen Ufern. Als geborene Randerscheinungen werden Strände niemals alt. Es sei denn, über ihnen lagert sich viel Material ab und unter dessen Druck versteinern sie im Laufe langer Zeit. Dann können sie so alt werden wie der auf dem Plateau von Ekkerøy mit seinen rätselhaften Rippelmarken.

## XV.

Sandstrände polstern rund ein Drittel aller Meeresufer.[18] Andere Ufer sind felsig, matschig oder bis ins Wasser von Landpflanzen bewachsen. In Afrika und Australien beträgt der Strandanteil mehr als die Hälfte, in Europa weniger als ein Viertel der Küstenlänge – aber immerhin 31.000 Kilometer. Reicht uns das?

Eng wäre es nur, wenn alle Einwohner der Europäischen Union sich gleichzeitig an diesen Stränden aufhalten würden. Auf einen Meter Strandlinie kämen dann dreizehn Strandbesucher, wenn auch noch ein oder zwei gleich ins Wasser gingen. Zwar sind auch Wälder, Berge und Städte beliebte Reiseziele, aber heute fällt die erste Wahl zunehmend auf Strände.

Wie aber geht es den Stränden? Menschliche Versuche, bewegte Strände festzuhalten und sie mit quer verlaufenden Buhnen zu stabilisieren, gingen oft schief. Der Aufwand, einen Strandschutz zu bauen und instand zu halten, ist groß, und mühsam ist es auch, ihn wieder zu entfernen, wenn er mehr schadet als nutzt. Grund für die Errichtung von Bollwerken am Strand ist meistens, dass Häuser viel zu dicht an zurückweichende Strände gebaut werden. Durch solche Bollwerke aus Stahl, Beton oder Stein gehen Strände fast immer verloren. Wellen, die bei Sturm gegen Ufermauern prallen, haben noch so viel Sog bei ihrem Rücklauf, dass sie mehr Sand wegholen als sie vorher mitgebracht haben. Mit dem Sand verschwindet der Strand. Die Folge sind Unterspülungen und in Reaktion darauf immer massivere Bollwerke.[19]

Diese Form selbst verursachter und sich selbst verschlimmernder Küstenquetschung wird Coastal Squeeze genannt. Zwischen befestigtem Ufer und anbrandendem Meer werden Dünen und Strand aufgerieben. Die durch Verbrennung von fossilem Kohlenstoff verursachte globale Klimaerwärmung lässt den Meeresspiegel steigen, vornehmlich weil das Eis der Polarkappen schmilzt und ins Meer fließt. Das verstärkt den Strandverlust vor vermauerten Küsten. Der Meeresanstieg reagiert auf unsere $CO_2$-Emissionen verzögert, aber einmal in Gang gekommen, ist der Anstieg nicht mehr umkehrbar. Bis zu einem Meter Anstieg könnten es bis Ende dieses Jahrhunderts sein. Und danach steigt es weiter. Als es während der letzten Warmzeit (vor 125.000 Jahren) global um ein bis zwei Grad wärmer war, lag der Meeresspiegel sechs bis neun Meter höher als heute. Wiederholt sich das, wird das Meer viel flaches und davon oft dicht besiedeltes Küstenland für sich reklamieren.

Die Risiken durch Überflutungen nehmen umso mehr zu, weil immer mehr Wirtschaftskraft sich auf die Küsten konzentriert. Das lockt immer mehr Menschen zur Küste. Schon bis Mitte dieses Jahrhunderts ist damit zu rechnen, dass mehr als drei Viertel der Menschheit in weniger als hundert Kilometer Entfernung zum Meer dicht zusammengedrängt leben werden. Das verschärft die Wirkung von Coastal Squeeze und für Strände wird es eng. Hinzu kommt noch der Sandhunger der Bauindustrie. Rundgeschliffener Wüstensand ist für Bauzwecke nicht geeignet. Kantige Sandkörner, wie sie am Strand überwiegen, sind besser für die Herstellung von Beton oder den Straßenbau. In manchen Regionen wird Sand zum Bauen knapp. Dann ist der Übergang vom unbedachten zum illegalen Strandabbau fließend. Im Extrem entstehen Hotels mit Meeresblick, aber ohne Strand. Durch Förderung von Gas und mehr Grundwasser im Küstenbereich senkt sich das Land unter das Meer. Ohne Deiche wird es dann prekär und davor liegende Strände ertrinken.

An vielen Küsten wuchsen erst die Strände und danach schrumpften sie wieder. Werden Wälder abgeholzt, nimmt dort die Bodenerosion zu. Das ist ein altes Problem. Flüsse schwemmen dann mehr Sand zur Küste und die Strände werden breiter. Staudämme und befestigte Flussufer bewirken das Gegenteil. Für Strände ist also die Sandbilanz einer Küste entscheidend. Wo von Flüssen nichts kommt und am Meeresboden Sand erreichbar ist, kann der auch zur Auffrischung der Strände mit Spezialschiffen gefördert werden. Diese künstliche Veränderung der Sandbilanz wurde inzwischen zu einem Riesengeschäft. Entweder wird der geförderte Sand schon im Vorstrandbereich verklappt oder über Rohrleitungen direkt auf bedürftige Strände gespült. Strände sind also machbar geworden.[18]

Da Strände aber von Natur aus bewegt sind, halten solche Sandzugaben nur begrenzt vor. Erneute Sandzugaben werden fällig. Zur Optimierung von Sandaufspülungen läuft in Holland ein großes Strandexperiment.[20] Statt Küstenorte dort mit Uferbefestigungen oder mehrfachen, kleineren Sandzugaben zu schützen, wurde 2011 in einer spektakulären Aktion eine gewaltige Strandnase aus Sand aufgespült und Zandmotor genannt. Den Sand dieser Nase sollten dann Wellen auf umliegende Strandbereiche weiterverteilen. Anfangs ragte die Kunstnase bis zu einem Kilometer weit ins Meer und war direkt am Strand zwei Kilometer breit. Im ersten Jahr verbog sie sich schnell, veränderte sich danach aber nur noch langsam. Nach acht Jahren war die Nasenspitze um 300 Meter kürzer und die Breite am Strand hatte auf sechs Kilometer zugenommen. Nach Berechnungen dürfte der Strand hier noch weitere vier bis fünf Jahrzehnte deutlich verbreitert bleiben.

Das wäre ein Erfolg, doch es gilt noch andere Aspekte zu beachten. Der Zandmotor wurde zur Attraktion für Strandbesucher. Deren viele Tritte schränkten die Dünenbildung durch Strandgras ein. Auch den Seehunden war auf der Strandnase zu viel Trubel. Besonders das Kitesurfen nahm zu. Die Nase wurde zunehmend grobkörniger, weil der feinere Sand schneller ausgewaschen wird. Die vorherige Fauna des Vorstrandes wurde durch die massive Sandaufspülung zunächst begraben, gewann danach aber durch die ungewöhnliche neue Strandform und die Bereiche unterschiedlicher Körnung an Vielfalt hinzu. Solche Erfahrungen können helfen, künftige Sandaufspülungen zu planen.

Vor Dubai aufgespülte Halbinseln in Palmenform wurden zum ökologischen Desaster, weil dazwischen das Wasser stagnierte – und die dort künstlich aufgespülte Inselwelt geriet zum ökonomischen Flop. Sandaufspülungen zur Vergrößerung von Singapur verschlangen so viel Sand, dass danach in der gesamten Nachbarregion Sanddefizite auftraten. Wo der Sand vom Meeresgrund aufgesaugt wird, entstehen tiefe Löcher und es kann lange dauern, bis sie sich wieder füllen. Der Feinkornanteil nimmt dort zu und im Extremfall bildet sich Faulschlamm in den Löchern. Eine Auswertung von Satellitenbildern der letzten dreißig Jahre ergab, dass global gesehen die Verluste und Gewinne sich bei Stränden noch die Waage hielten.[18] Lokal stärkere Abweichungen lassen sich meist auf menschliche Eingriffe zurückführen. Grundsätzlich ist zu überlegen, wo es langfristig klüger ist, dem Meer nachzugeben, anstatt durch Küstenschutz in kostentreibende Stellungskriege auf Seiten des Landes gegen das Meer zu geraten. Durch Abriss der im Baurausch der letzten Jahrzehnte entstandenen Betonklötze entlang vieler Strände könnten Wunden in der Küstenlandschaft geheilt werden.

Wenn das Meer steigt, lassen sich Strände nicht festhalten. Gemeinden entlang zurückweichender, sandiger Küsten sollten Baupläne aufstellen, die strandnahe Häuser nicht mehr zulassen. Auch wäre künftig an Bauweisen zu denken, die leicht transportierbar und biologisch abbaubar sind. Noch klingt dies utopisch, aber der durch die Klimaerwärmung ausgelöste Meeresanstieg wird an flachen Küsten Druck machen, sich Neues einfallen zu lassen. Andererseits kann es auch sinnvoll sein, Sandstrände neu aufzuspülen, wo Meer und Land inzwischen

*Von Bohrmuscheln durchlöchertes Holz, angetrieben am Strand*

hart aufeinandertreffen. Eine solche Polsterung mit Strand und Dünen bietet sowohl Schutz vor Sturmfluten, schafft einen weichen Übergang vom Land zum Meer und liefert gleichzeitig neuen Erholungs- oder Naturraum.[21]

Küstenschutz ist oft ein faustisches Unterfangen, genährt durch technischen Fortschrittsglauben. Zu einer Zeit mit nur geringem Meeresanstieg bot er mit Deichen und anderen Bollwerken den Menschen in flachen Küstengebieten zunehmenden Schutz. An den deutschen Küsten liegt ein letztes Versagen des Küstenschutzes schon über sechzig Jahre zurück, als 1962 in Hamburg über dreihundert Menschen durch Deichbrüche ertranken. Daraus hat man gelernt und den Küstenschutz fortlaufend verbessert. Doch seit durch die globale Klimaerwärmung sich der Meeresanstieg beschleunigt, fordert Mephisto nun seinen Tribut. Es bedarf neuer Orientierungen für materielle Bedürfnisse. Und das schließt unser Verhältnis zu den Stränden als Puffer gegen das ansteigende Meer und als oft urbanisiertem Erholungsraum mit ein.

Die Einstellung der Menschen zum Strand hat sich gewandelt. Binnenländern waren Strände lange Zeit völlig egal, aber inzwischen verdrängt die schiere Zahl strandhungriger Menschen angestammte Strandbewohner. Meeresschildkröten suchten oft das Weite und spezielle Schutzprogramme versuchen zu retten, was noch zu retten ist. Auch Robben trauen sich nicht mehr zum Fellwechsel oder Nachwuchszeugen an unsere Strände. Vögel, die am oberen Strand nisten wollen und am unteren Strand nach Nahrung suchen, müssen weit fliegen, um noch naturnahe Strände zu finden. Nicht nur unsere Anwesenheit mit vielen Tritten im Sand vertreibt manche Strandkreatur, sondern auch die zunehmend üppiger werdende Möblierung der Strände. Statistisch befindet sich am Sylter Strand alle zwei Meter ein Strandkorb. Anderswo sind es mindestens Handtücher,

Sonnenschirme und Strandliegen. Außerdem werden Strände gesäubert. Nicht nur von unseren Hinterlassenschaften, sondern auch angespülte Algen und Seegras werden als störend empfunden und entfernt. Die fehlen dann der Strandfauna. Manchmal leuchten Strände nachts in der Brandung. Mikroskopisches Plankton sendet zarte Lichtblitze aus und auch manche Quallen fluoreszieren im Dunkeln. Dann im nächtlichen Meer zu schwimmen, wirkt wie eine futuristische Reise durch die Galaxien des Sternenhimmels. Ausgeleuchtete Strandpromenaden überstrahlen das. Die Balance für ein Miteinander von Menschen mit der Natur ist am Strand nicht leicht zu finden. Als Grundregel könnte gelten, wenigstens ein Drittel aller Strände von möblierter Strandnutzung frei zu halten.[22]

Weil es kaum Spuren von Frühmenschen an den Küsten gibt, lehnen die meisten Anthropologen die Idee einer Menschwerdung am Meeresufer als »Wasseraffentheorie« ab. Ein Übergang vom Baumkletterer zum Savannenläufer scheint besser belegt. Aber warum dann unser spärliches Fell? Das passt besser zur amphibischen Lebensweise. Der Mensch ist ein Frosch. Ungesättigte Fettsäuren in der Nahrung scheinen Nerven zu stärken und die Hirnentwicklung zu fördern. Solche Fettsäuren bieten besonders Muscheln und Fisch. Vielleicht hat ja doch ein frühes Küstenleben die Menschheit schlauer als die Affenverwandtschaft werden lassen? Die rasche Ausbreitung unserer Art von Afrika aus dürfte entlang von Küsten leichter und schneller als durch bergiges und bewaldetes Binnenland möglich gewesen sein. Am Strand lässt es sich ohne viel Widerstand gut gehen. Und mit Booten kann man an der Küste segeln.

Der Meeresspiegel lag die längste Zeit während der Entwicklung vom Affen zum Menschen bis zu hundert Meter tiefer als heute. Daher ist es schwierig, Gebeine und Werkzeuge früher Küstenmenschen zu finden, so es sie denn gab. Die Strände von damals sind abgetaucht. Was aber wird aus heutigen Stränden in den kommenden Jahrzehnten und Jahrhunderten?[23] Wo das steigende Meer auf nachgiebiges Land trifft, verschieben sich die Strände, ohne verloren zu gehen. Nimmt die Wellenkraft nicht ab, den Stränden neuen Sand zu leihen, gewinnen sie im Einklang mit dem steigenden Meer an Höhe. Während das Meer gewinnt und das Land verliert, bleibt an entspannten Küsten für Strandbewohner und Strandliebhaber die Welt in Ordnung.

Prekär wird es aber dort, wo eine dicht bebaute Küstenlinie als unverrückbar behandelt wird.[24] Dort können Strände nur künstlich mit Sandaufspülungen am Leben erhalten werden. Die Kosten dafür steigen mit dem Meer, und dessen weiterer Anstieg wird über die nächsten Jahrhunderte kaum noch zu bremsen sein. Dem Meer bebautes Land zu opfern, wird umso schwieriger, je mehr dort investiert wurde. Das wird zur wichtigen Zukunftsfrage und wird damit entscheidend sein, wo wir uns noch Strände leisten können. Auf sandigen Urlaubsinseln, die von ihren Stränden leben, sollte es möglich sein, künftig ganz auf weiche und dynamische Ufer zu setzen. Auf natürliche Strände, die ein belebter Saum zwischen Land und Meer sind, den wir uns mit seinen Pionierpflanzen, den verborgenen, den robbenden und flüchtigen Tieren teilen. Das wären die Strände der Zukunft.

# XVI.

Wo ein Strand ist, geht etwas zu Ende und beginnt etwas Neues. *Departure*, Abfahrt, hat der Maler Max Beckmann Anfang der 1930er Jahre den mittleren Teil eines Triptychons genannt: Ein König und seine Familie treiben in einem viel zu kleinen Boot. Sie schauen in die Ferne, vielleicht auf den Atlantik, an dessen Ende Amerika liegt und der so blau ist, dass es fast weh tut. Nur die Frau, die ein Kind im Arm hält und Quappi ähnelt, blickt Richtung Strand. Am erstarrten hellblauen Himmel geht kein Wind, der Horizont trennt nicht nur Himmel und Meer, sondern auch die Krone vom Kopf des Königs. Beckmann, der 1937, am 19. Juli, Deutschland verlässt, an dem Tag, als die Nazi-Ausstellung *Entartete Kunst* in München eröffnet wird und neun Gemälde von ihm an den Wänden hängen, suchte in Amsterdam Zuflucht. Er war Odysseus geworden, ein Umherirrender. Wäre er Kaiser der Erde, so hatte Beckmann 1915 an seine erste Ehefrau Minna geschrieben, würde er sich das Recht ausbedingen, einen Monat allein am Strand verbringen zu können.[IV]

Denselben Moment wie Beckmanns Gemälde *Departure* zeigt das knapp zehn Minuten lange Video *Timeless point of view* – die Urszene des Strands: den Abschied. Die Künstlerin Marina Abramović rudert in einem kleinen Boot aufs Meer hinaus. Sie entfernt sich immer weiter von dem Ufer, an dem ihr Partner Ulay steht und filmt, wie Wasser und Himmel verschmelzen und das Boot mitten hinein in diesen Schmelztiegel fährt. Eine Möwe flattert am Himmel, eine Handbreit über dem Wasser. Alles, was an Bord geschieht, ist überdeutlich zu hören: die gleichmäßige

Bewegung der Riemen, das Platschen, wenn die Ruderblätter aufsetzen und durch das Wasser ziehen, bis in alle Ewigkeit.

Abschied heißt: Einer geht, einer bleibt – das ist der Standpunkt, der Point of view desjenigen, der am Strand steht. Die letzten Sekunden brennen sich in die Erinnerung ein, jedes Detail bekommt eine besondere Bedeutung, die sich später vielfach wandeln wird. Ob Schiffbruch oder Flucht, Strandung oder Sturmflut: Etwas endet, anderes beginnt.

Kommt die Ebbe, geht die Flut.

*»Departure – Abfahrt« (mittlere Tafel) von Max Beckmann (1932/33)*

## Quellen

I Max Beckmann. Briefe, Bd. I: 1899–1925, hrsg. von Klaus Gallwitz, Uwe M. Schneede und Stephan von Wiese unter Mitarbeit von Barbara Golz, bearb. von Stephan von Wiese, Nr. 15, an Caesar Kunwald, 27.10.1904

II Vibeke Krøyer i »Berlinske Tidende«, 22. Juli 1951. »Min far – Malaren P. S. Krøyer. Til 100 Aars Dagen for hans Fødsel« – af Vibeke Krøyer. Zitiert aus P. M. Hornung: Peder Severin Krøyer.

III Jean-Didier Urbain: At the Beach, Minneapolis: University of Minnesota Press, 2003

IV Max Beckmann. Briefe, Bd. I: 1899–1925, hrsg. von Klaus Gallwitz, Uwe M. Schneede und Stephan von Wiese unter Mitarbeit von Barbara Golz, bearb. von Stephan von Wiese, Briefe, Bd. I, Nr. 102, an Minna Beckmann-Tube, 16.3.1915

1 Hayes MO, Michel J 2008 A coast for all seasons. Pandion Books, Columbia, SC, US

2 Short AD 1999 Handbook of beach and shoreface morphodynamics. John Wiley & Sons, Chichester, US

3 Boldreel LO, Kuijpers A, Madsen EB et al. 2010 Postglacial sedimentary regime around northern Sylt, south-eastern North Sea, based on shallow seismic profiles. Bulletin Geological Society Denmark 58:15-27

4 Armonies W, Reise K 2000 Faunal diversity across a sandy shore. Marine Ecology Progress Series 196:49-57

5 Wiese V, Janke K 2021 Die Meeresschnecken und -muscheln Deutschlands. Quelle & Meyer, Wiebelsheim

6 Piersma T, Pearson GB, Hickey R et al. 2005 The long mud. Benthos and shorebirds of the foreshore of Eighty-mile Beach, Western Australia. NIOZ-Report 2005-2, Texel, The Netherlands

7 Wells FE, Bryce CW 1988 Seashells of western Australia. Western Australian Museum, Perth

8 Reise K, Lackschewitz D 2023 Strangers at the German shores. Fremd an deutschen Küsten. KJM Buchverlag, Hamburg
9 Grant PJ 1986 Gulls. A guide to identification. T & A D Poyser, Calton
10 Brown AC, McLachlan A 1990 Ecology of sandy shores. Elsevier, Amsterdam
11 Ricketts EF, Calvin J, Hedgepeth JW 1985 Between Pacific Tides. 5th edition. Stanford University Press, Stanford, California
12 Branch M, Branch G 1981 The living shores of Southern Africa. C. Struik (Pty) Ltd., Cape Town
13 Bennett I 1992 Australian Seashores. A guide to the formation, animal and plant life of Australia's seashores. A Angus & Robertson Book, Singapore
14 van de Kam J, Ens B, Piersma T, Zwarts L 2004 Shorebirds. An illustrated behavioural ecology. KNNV Publishers, Utrecht, The Netherlands
15 Johnson HD 1978 Facies distribution and lithographic correlation in the late Precambrian Ekkeroy formation, East Finnmark, Norway. Norsk Geologisk Tidsskrift 58:175-190
16 Gould SJ 1999 Leonardo's mountain of clams and the diet of worms. Vintage, London
17 Gejl L 2017 Die Watvögel Europas. Haupt Verlag, Bern
18 Luijendijk A, Hagenaars G, Ranasinghe R et al. 2018 The state of the world's beaches. Scientific Reports 8:6641 doi:10.1038/s41598-018-24630-6
19 Nordstrom KF 2014 Living with shore protection structures: A review. Estuarine, Coastal and Shelf Science 150:11-23
20 Luijendijk A, van Oudenhoven A 2019 The sand motor: A nature-based response to climate change. Findings and reflections of the interdisciplinary research program NatureCoast. Delft University Publishers, The Netherlands

21 Reise K (ed) 2015 Kurswechsel Küste. Was tun, wenn die Nordsee steigt? Wachholtz Verlag, Kiel/Hamburg
22 Defeo O, McLachlan A, Schoeman DS et al. 2009 Threats to sandy beach ecosystems: A review. Estuarine, Coastal and Shelf Science 81:1-12 doi:10.1016/j.ecss.2008.09.022
23 Brown AC, McLachlan A 2002 Sandy shore ecosystems and the threats facing them: some predictions for the year 2025. Environmental Conservation 29:62-77. https://doi.org/10.1017/s037689290200005x
24 Jordan F, Fröhle P 2022 Bridging the gap between coastal engineering and nature conservation? Journal of Coastal Conservation 26:4. https://doi.org/10.1007/s11852-021-00848-x

## Literatur

Bettina Baltschev: Am Rande der Glückseligkeit. Über den Strand. Berenberg, Berlin 2021

Vince Beiser: Sand. Wie uns eine wertvolle Ressource durch die Finger rinnt. Oekom Verlag, München 2021

Rachel Carson: The Edge of the Sea. Mariner Books, Houghton Mifflin Company, Boston, New York 1998

Alain Corbin: Meereslust. Das Abendland und die Entdeckung der Küste. Wagenbach, Berlin 1990

Fritz Gessner: Meer und Strand. Deutscher Verlag der Wissenschaften, Berlin 1957

John R. Gillis: The Human Shore. Seacoasts in History. The University of Chicago Press, Chicago and London 2015

Hansjörg Küster: Die Ostsee. Eine Natur- und Kulturgeschichte. C. H. Beck, München 2004

Oliver Lenzen: Das große Buch vom Sand. Die Vielfalt im Kleinen. Haupt Verlag, Bern 2022

Christoph Neidhart: Ostsee. Das Meer in unserer Mitte. Marebuchverlag, Hamburg 2003
Rolf und Matthias Reinicke: Mare Balticum. Die Küstenlandschaften der Ostsee. Demmler Verlag, Ribnitz-Damgarten 2018
Karsten Reise: Das Watt. Erlebt, erforscht und erzählt. KJM Buchverlag, Hamburg 2021
Karsten Reise und Alex S. MacLean: Dünen. Wiederentdeckung einer geheimnisvollen Landschaft. KJM Buchverlag, Hamburg 2018

*Zu Peder Severin Krøyer*
Peter Michael Hornung: Peder Severin Krøyer. Forlaget Palle Fogtdal, Kopenhagen 2005
Peter Michael Hornung: Ny dansk Kunsthistorie, Bind 4, Realismen. Forlaget Palle Fogtdal, Kopenhagen 1993
Knud Voss: Fra Viggo Johansen til P. S. Krøyer. Skagensmalerne Bind 2, Kunstbogklubben, Forlaget Palle Fogtdal, Kopenhagen 1986
Jenns Howoldt und Hubertus Gaßner (Hg.): Dänemarks Aufbruch in die Moderne. Die Sammlung Hirschsprung von Eckersberg bis Hammershøi. Dölling Galitz Verlag, München, Hamburg, 2013

*Zu Max Beckmann*
Dietrich Schubert: Max Beckmann – vom Vietzker-Strand zur Departure. Die Kristallisation seiner Werturteile und seine bildnerische Praxis 1904–1936. Michael Imhof Verlag, Petersberg 2021
Klaus Gallwitz und Ortrud Westheider (Hg.): Max Beckmann. Menschen am Meer. Hatje Cantz Verlag, Ostfildern-Ruit 2003

## Foto- und Bildnachweise:

Alle Fotografien stammen von Karsten Reise und Hella Kemper

S. 15 (oben): Max Beckmann: »Schlafende am Strand«, 1927/1950. Privatsammlung Göpel 826 © digitales Bild: Galerie Thomas, München

S. 15 (unten): Fotografie von Max Beckmann an der Ostsee, 1907 © Michael Imhof Verlag, Petersberg

S. 16: Max Beckmann: »Junge Männer am Meer«, 1905. Kunstsammlungen Weimar © Fotografie: Alexander Burzik

S. 21: Peder Severin Krøyer: »Sommerabend am Strand von Skagen«, 1899 © Den Hirschsprungske Samling, Kopenhagen

S. 24: Peder Severin Krøyer: »Fra Skagen Sønderstrand«, 1883

S. 123: Max Beckmann: »Departure – Abfahrt«, mittlere Tafel, 1932/33 © The Museum of Modern Art, New York / Scala, Florenz


## Dank der Autorin und des Autors

Für Garten, Küche und Strand, die uns zusammenführten, danken wir Edda Raspé.

## Dank des Verlages

Für die EUROPEAN ESSAYS arbeiten wir in der Bebilderung mit bildenden Künstlerinnen und Künstlern zusammen, insbesondere mit RÜDIGER TILLMANN, von ihm stammen die akribischen Federzeichnungen im Vor- und Nachsatz dieses Buches sowie weitere Zeichnungen. Mehr von ihm findet man z. B. hier: www.derwaldrauscht.de.

Die genauen, gezeichneten Porträts der Autorinnen und Autoren der Serie stammen von ANIKA TAKAGI.

## Der Autor und die Autorin

**Karsten Reise** ist zwischen Nordsee und Ostsee aufgewachsen, wurde Meeresbiologe und Küstenforscher, lehrte als Professor an den Universitäten Göttingen, Hamburg und Kiel, und am Alfred-Wegener-Institut leitete er die Wattenmeerstation Sylt. Er wohnt auf der Wattseite von Sylt, aber bei Sturm hört er dennoch die Brandung vom Nordseestrand. Er schrieb zahlreiche Fachpublikationen und Bücher und nun erstmals auch eins über den Strand.

**Hella Kemper** ist im strandlosen Ostwestfalen aufgewachsen. Nach dem Germanistikstudium war sie Feuilletonredakteurin bei der Neuen Westfälischen, bis sie an die Elbe nach Hamburg zur ZEIT ging. Dort war sie Redakteurin in den Magazinen ZEIT Punkte und ZEIT Geschichte, jetzt arbeitet sie im ZEIT Wissen Magazin. Sie hat Bücher über Hamburg und die Elbe geschrieben, in der schwimmt sie das ganze Jahr über.

*Einige Strände sind in Form und Maßstab leicht verzerrt dargestellt, um sie besser erkennbar zu machen.*

Bodø
Ekkerøy
NORWEGEN
Bergen
Oslo
SCHWEDEN
Stockholm
Schärengarten
Kristiansand
Skagen
Göteborg
Gotland
Aalborg
NORDSEE
Kalmar
Sölvesborg
Skodsborg
OSTSEE
DÄNEMARK
Kopen-
hagen
Schonen
Bornholm
Sylt
Rügen
Łeba
Danzig
Hamburg
Stettin
POLEN
NIEDERL.
DEUTSCHLAND
Berlin

## STRAND-EMPFEHLUNGEN DER AUTORIN UND DES AUTORS

### Blankeneser Elbstrand

Gerade Großstädter sehnen sich nach dem Laisser-faire der Strände. An heißen Tagen im Sommer will ich spätnachmittags nur noch raus: an den schönsten Strand, den es in Hamburg gibt, den Blankeneser Elbstrand. Der Elbe wegen bin ich nach Hamburg gezogen, und seit meinem ersten Frühling in der Stadt schwimme ich regelmäßig in der Elbe, inzwischen auch im Winter. Was die Unterelbe besonders macht: Etwa hundert Kilometer von der Mündung entfernt unterliegt sie in Hamburg den Gezeiten und das Wasser fließt auf und ab, das heißt, die Elbe fließt hin und her. Das verstärkt das Urlaubsgefühl am Elbstrand, und man glaubt sich fast wie am Meer. Wellen gibt es auch, die größten macht der Helgoland-Katamaran, und zwar – im Sommerhalbjahr – abends pünktlich um 19:45 Uhr. Auch Lotsen und Schlepper schenken Wellen das Leben, wenn sie nur schnell genug fahren. Zwischen zwei Schiffswracks am Falkensteiner Ufer liegt einer der schönsten und besonders weißen Sandstrände der Stadt (leider wird sein Weiß durch Zigarettenkippen, Grillkohle und Plastikmüll immer weniger weiß). Der ideale Strandabend: schwimmen, in den letzten Sonnenstrahlen trocknen lassen, kleines Picknick im Sonnenuntergang, in der Dämmerung aufbrechen.

*Blankeneser Elbstrand*

Wie man hinkommt: Am besten mit dem Rad. Oder mit der S-Bahn-Linie S1 bis Blankenese, dann mit dem Bus 488, der in Blankenese Bergziege genannt wird, an die Elbe fahren, die dem Strand am nächsten gelegenen Haltestelle heißt Falkentaler Weg. Der Bus 488 fährt alle zehn Minuten vom S-Bahnhof ab.

Buchtipp: *Leben am Fluss* von Hella Kemper (KJM Buchverlag)

## Amager Strandpark in Kopenhagen und Skodsborg Strandvej

Die Kopenhagener haben es noch besser als die Hamburger: Sie haben nicht nur mitten in der Stadt Badeanstalten wie Islands Brygge und Sluseholmen, sie haben auch noch einen riesigen Sandstrand, der keine halbe Stunde mit dem Rad vom Zentrum entfernt liegt. Das Amager Strandbad ist eine künstlich aufgeschüttete, langgestreckte Insel mit einem 4,6 Kilometer langen Badestrand. Gegenüber liegt Malmö und man schwimmt im Øresund. Der nördliche Teil der Insel besteht aus einer Dünenlandschaft, der südliche wurde als Park angelegt mit Promenade und Gasthafen. Die Insel wird durch eine künstliche Lagune vom Festland getrennt und ist über drei Brücken mit ihm verbunden. Im Süden liegt das architektonisch beeindruckende Hafenbad Kastrup, im Norden die 1915 errichtete Seebadeanstalt Helgoland. Auch können die Kopenhagener ein paar Kilometer nach Norden Richtung Helsingør fahren. In Skodsborg am Strandvej 226 gibt es einen öffentlichen Badesteg an einem sehr schönen Sandstrand. Man kann dort mit dem Auto oder dem Fahrrad parken und im oft recht bewegten Øresund schwimmen. Ein paar Stammgäste gehören zu den Langstreckenschwimmern, die mehr Zeit im Wasser als an Land zu verbringen scheinen. Der Kiosk am Strand führt das beste Vanilleeis mit Lakritzstreusel. Auch so etwas gehört zu einem perfekten Strand.

Wie man hinkommt: zum Amager Strand natürlich mit dem Rad. Es fährt aber auch die U-Bahn-Linie M2 zum Strand, nur drei Haltestellen.

Tipp: Von Kopenhagen kann man in zwei oder drei Tagen nach Helsingør wandern – immer am Strand lang. Auch das wunderschöne Museum Louisiana verfügt über einen eigenen Badesteg.

## Leba, Polen

An der polnischen Ostseeküste liegen die riesigen Wanderdünen von Leba, dem Ort, der dem feinen Sand in der Geschichte schon einmal weichen musste. Zwölf Meter wandert er jedes Jahr und die alte Kirche von Leba hat er schon unter sich begraben. Leba liegt in der Woiwodschaft Pommern, etwa hundert Kilometer nordwestlich von Danzig. Direkt vor Leba erstrecken sich viele Kilometer schöner Sandstrand. Wandert man an ihm weiter nach Osten, gelangt man zur schmalen kaschubischen Landzunge Hela. Vom Hafen an der Zungenspitze setzen Fähren nach Danzig über.

Tipp: eine Wanderung von Swinemünde bis Danzig, rund 350 Kilometer immer am Sandstrand lang. Mehr Strand geht nicht.

## Amrum Odde

Die Amrum Odde ist seit 1936 Naturschutzgebiet und wird von ehrenamtlichen Vogelwarten des Vereins Jordsand bewacht. Deren Häuschen liegt etwas abseits vom Wattstrand in den Dünen. Gut 17.000 Paare von Herings- und Silbermöwen brüten hier im Frühsommer. Verlassene Kaninchenhöhlen bewohnen Brandgänse, Hohltauben und Dohlen. Auch Mittelsäger, Sumpfohreulen und Löffler brüten auf der Odde. Im Winter gebären Kegelrobben an der Nordspitze ihre pelzigen Jungen. Seehunde rasten hier. Auf dem abgesperrten Kiesstrand an der Nordspitze brüten die seltenen Zwergseeschwalben und Sandregenpfeifer. Von der Nordspitze geht es am breiten Strand zurück zum Ausgangspunkt oder gleich weiter bis Norddorf. Führungen zu einem »Amphitheater« für brütende Möwen zwischen hohen Dünen werden vormittags angeboten (Telefon: 04682-2332 oder E-Mail: amrum@jordsand.de)

Wie man hinkommt: Von Dagebüll in Nordfriesland geht es mit der Fähre nach Wittdün auf Amrum und von dort weiter mit dem Inselbus oder dem Fahrrad bis nach Norddorf. Von dessen Nordrand fahren Sie entweder auf einer schmalen Straße durch die Marsch oder über den Teerdeich bis zum Nationalpark-Infopavillon. Dort beginnt die vier Kilometer lange Strandwanderung um die Odde. Sie führt aber erst noch 500 Meter an Salzwiesen vorbei, bis der eigentliche Strand beginnt.

Tipp: Der Strandgang um die Odde dauert gut zwei Stunden und sollte nicht in die Hochwasserzeit gelegt werden. Dann könnte es auf der Wattseite zwischen Dünen und Wasser bei Springtide oder kräftigem Westwind zu eng werden. Bei Niedrigwasser läuft es sich auch besser am unteren Strand.

### Spiekeroog Ostplate

Die Strandtour auf die völlig naturbelassene Ostplate im Nationalpark Niedersächsisches Wattenmeer ist nur von August bis März möglich. Von April bis Juli gehört die Ostplate allein den brütenden Vögeln. Aber auch außerhalb der Brutzeit ist die Ostplate ein Vogelparadies und nirgendwo sonst gibt es so viele Stranddisteln und Jungdünen zu bewundern. Vom Badestrand des Dorfes führt der Weg immer an der Wasserlinie entlang bis zur Bake an der Ostspitze. Dort ist die Kehrtwende und es geht am Fuß der Dünen den grünen Pfosten folgend zurück nach Westen durch die feuchte Leegde bis zum Nationalpark-Haus Wittbülten. Dort befinden sich ein Café und eine Naturausstellung. Ist die Dorfmitte Start und Ende der Wanderung, dann sind es insgesamt gut 17 km Strecke und bei guter Kondition etwa vier Stunden.

Wie man hinkommt: Spiekeroog liegt zwischen den ostfriesischen Inseln Langeoog und Wangerooge und ist mit der Fähre vom niedersächsischen Neuharlingersiel zu erreichen. Die Insel ist autofrei und selbst das Radfahren ist den Einwohnern vorbehalten. Auf Spiekeroog wird gewandert.

Tipp: Am besten zwei Stunden vor Niedrigwasser mit der Wanderung beginnen, um möglichst wenig durch weichen Sand stapfen zu müssen.